U0803443

非常规突发事件下
金融市场波动及预测研究

王 璐 马 锋 著

科 学 出 版 社
北 京

内 容 简 介

本书系统研究了非常规突发事件下金融市场波动及预测中的若干问题。本书首先重点从跳跃和正负半变差等视角研究了拓展的已实现波动率模型，其次从变结构的视角阐明了非常规突发事件对金融市场波动的重要影响，然后研究了混频模型下包含非常规突发事件的金融市场波动率模型构建及预测问题，最后探讨了非常规突发事件对金融市场关联性的影响特征。

本书可供相关专业研究生选读，也可供从事本方向的研究人员以及科技人员阅读参考。

图书在版编目（CIP）数据

非常规突发事件下金融市场波动及预测研究 / 王璐，马锋著. —北京：科学出版社，2021.10

ISBN 978-7-03-070055-1

Ⅰ. ①非… Ⅱ. ①王… ②马… Ⅲ. ①金融市场－经济波动－研究 ②金融市场－市场预测－研究 Ⅳ. ①F830.9

中国版本图书馆 CIP 数据核字（2021）第 206562 号

责任编辑：李 嘉 / 责任校对：贾娜娜
责任印制：张 伟 / 封面设计：无极书装

科 学 出 版 社 出版
北京东黄城根北街 16 号
邮政编码：100717
http://www.sciencep.com
北京盛通商印快线网络科技有限公司 印刷
科学出版社发行 各地新华书店经销
*
2021 年 10 月第 一 版 开本：720 × 1000 1/16
2022 年 3 月第二次印刷 印张：9 3/4
字数：194 000

定价：92.00 元

（如有印装质量问题，我社负责调换）

前　言

过去的十年是非常规突发事件集中频繁爆发的十年，在宏观政治和经济环境不确定性增加的背景下，开展非常规突发事件影响下金融市场波动特征研究及波动率预测研究对维持国家金融安全和稳定，监控和预警金融市场风险的爆发和扩散有着积极而有效的作用。

从金融市场波动理论来看，在非常规突发事件影响下，金融市场的收益率、波动率及市场之间的联动特征可能会出现结构性的突变。从企业层面来看，它会给企业经营带来巨大的不确定性，企业未来经济发展预估和中长期投资决策行为会受此影响，进而会进一步影响企业利润和股价。从投资者层面来看，非常规突发事件会使得投资者避险情绪回升，对风险资产偏好降低，投资者的投资组合行为会因此改变。所以，要更完整地描述金融市场的波动特征，非常规突发事件影响下金融市场的影响特征就是必须要研究的重要内容之一。特别是在 21 世纪非常规突发事件频繁爆发的背景下，这种研究显得更为重要。

基于以上现状分析，本书将重点研究非常规突发事件影响下金融市场的波动及波动率的预测等问题。全书共 7 章。第 1 章介绍了金融市场波动特征，重点介绍广义自回归条件异方差（generalized autoregressive conditional heteroskedasticity，GARCH）族模型和已实现波动率模型。第 2 章对已实现波动率等模型及其预测问题进行详细分析。第 3 章基于跳跃和正负半变差的视角对已实现波动率模型进行拓展研究。第 4 章构建基于符号收益和符号跳跃变差的已实现波动率模型，同时利用实证分析说明新模型的有效性。第 5 章以 2016 年英国脱欧公投事件为对象，从金融市场收益率一阶矩、二阶矩及联动关系三个方面研究了国际外汇市场的影响变化。第 6 章考虑非对称效应及极端效应两种重要的金融市场典型特征，对 GARCH-MIDAS（mixed data sampling，混合数据抽样）模型进行拓展研究。第 7 章基于多元 GARCH 模型研究非常规突发事件对多元金融市场关联性的影响。

本书获得了国家自然科学基金（项目编号：71701170，72071162）、教育部人文社科研究基金（项目编号：17YJC790105，17XJCZH002）、中央高校基本科研业务费专项项目（2682020ZT98）等的资助，在此表示感谢。同时，感谢西南交通大学研究生院对本书出版的大力支持。感谢研究生刘文佳、杨林、曾静文、罗炼等对本书的贡献。

由于作者水平有限，书中的疏漏和不足之处在所难免，希望广大专家及读者批评指正。

作　者

2020 年 5 月于成都

目　录

第1章　金融市场波动概述

1.1　波动率研究背景、问题提出和研究意义

1.1.1　波动率研究背景

对波动率的刻画和预测是学术界与实务界探讨研究的热点问题，因为它与资产定价理论的检验（Aboura and Wagner，2016；Bansal et al.，2014）、最优资产组合的选择（Guidolin and Na，2006）、衍生品套期保值策略（Balcilar et al.，2016；Basher and Sadorsky，2016）以及金融风险的测度和管理（Brownlees and Gallo，2010；Degiannakis et al.，2013）密不可分。波动率建模和预测的相关文献中的第一句话基本写的都是波动率的重要性，例如，Martens 在其 2002 年发表在 *Journal of Future Markets* 上的 Measuring and forecasting S&P 500 index futures volatility using high-frequeney data 中的第一句话"Forecasting financial market volatility is important in the short and the long run"；Poon 和 Granger（2003）写的是"Volatility forecasting is an important task in financial markets，and it has held the attention of academics and practitioners over the last two decades"；Andersen 和 Bollerslev（1998）写的是"Volatility permeates finance"；Corsi 等（2008）写的是"Volatility plays an important role both in theoretical developments as well as in practical applications in finance"。由此可见，对波动率的刻画、建模及其预测都具有极其重要的理论与现实意义。

对波动率的研究由来已久。早期对波动率的研究主要集中在使用日收益率数据，然后用广义自回归条件异方差（generalized autoregressive conditional heteroskedasticity，GARCH）模型（Bollerslev，1986）、随机波动率（stochastic volatility，SV）模型等来刻画和预测波动率。随后，已有不少学者（Baillie et al.，1996；Davidson，2004）基于新生变量服从的真实分布以及收益率表现的特征拓展和丰富了 GARCH 模型，当然已有其他学者对 SV 模型也进行了一定的扩展（Jacquier et al.，2004；Nakajima and Omori，2009）。不可否认的是，这些模型在一定时期内在波动率刻画和预测时取得了一定的成就。然而，Carnero 等（2004）、Corsi（2009）等认为用日数据来刻画市场波动率，一方面，损失了日内交易信息，如日收益率的计算公式是相邻两天收盘价的对数差，若这两天的收盘价较为接近，但这相邻的两天

内市场发生了较大幅度的波动，从日收益率计算公式中是无法体现出来的，因此，用日数据来刻画金融资产波动率是存在缺陷和不足的。另一方面，这些波动率模型尽管较为成熟，但估计仍存在一定的难度和不便，例如，GARCH(p, q)在选择滞后阶数时，多数文献选择滞后 1 阶，这是否合理？即使从统计学的角度出发（赤池信息准则（Akaike information criterion，AIC）和施瓦茨准则（Schwarz criterion，SC）），这是否又能真正反映和刻画市场波动率呢？然而，这些都是值得商榷的。另外，由于资产收益率的条件方差并无法直接观测，需要通过极大似然值及马尔可夫链蒙特卡罗（Markov chain Monte Carlo，MCMC）等复杂的方法予以估计模型中设定的参数，尽管随着计算机性能和编程技术的提升，已有不少计量软件（如 EVIEWS，RATS）可以对这样的波动率模型进行估计，但这些模型仍存在这样或那样的不足，例如，这些波动率模型并不能很好地刻画资产收益波动率的典型特征，如长记忆性、尖峰厚尾等。

需要特别注意的是，Andersen 和 Bollerslev（1998）基于日内高频数据提出了已实现波动率（realized volatility，RV）这一新颖的概念，然后 Andersen 等（2001，2003）及 Barndorff-Nielsen 和 Shephard（2004，2006）作出了开创性的理论和计量工作，认为 RV 作为市场的真实波动率具有较好的无偏性和稳健性等优点，与用日收益率的平方和极差等相比，具有更少的市场噪声。随后，用 RV 来刻画真实市场的波动率和用其建模及预测等逐渐成为近年研究波动率的热点方向（Akram et al.，2009；魏宇，2009；马锋等，2015）。另外，RV 的定义是所有日内收益率的平方和，即具有无参数、估计简便等优点，这也是进一步促进它成为明星波动率测度方法不可忽视的原因。

基于日极差波动率和 Andersen 等（2001，2003）、Barndorff-Nielsen 和 Shephard（2004，2006）的思想启发，Christensen 和 Podolskij（2006，2007）提出了基于日内高频数据的已实现极差波动率（realized range-based volatility，RRV），在 Sciencedirect 期刊数据库中（http://www.sciencedirect.com/）以“Realized Range-based Volatility”为关键词进行全文搜索，可检索到几万篇相关的文献（Souček and Todorova，2013）。RRV 的计算方法略比 RV 复杂，然而其计算步骤与日极差的非常类似，唯一不同的是它是日内所有能获取极差收益率的平方和，但该测度方法依旧计算简便，且无参数估计。RRV 作为另一种波动率的测度方法，也受到了学术界的广泛关注（Tseng et al.，2012；唐勇和张世英，2006）。

鉴于此，本书将基于上述两种高频数据下计算的波动率统称为非参数波动率，这也是本书前半部分的思想。随后，学术界将两种波动率测度方法进行了各种建模，然后用它们研究描述和预测各市场波动率，进一步拓展到套期保值、投资组合最优、风险控制及测度等研究领域。因此，基于高频数据下的波动率测度形成了一个新的研究视角，极大地丰富了波动率的研究层面和研究内容。而本书正是基于这一研究背景，对它们进行建模以及构建新的变量期望改进已有模型的预测精度，另外结合投资组合的研究视角，进一步提升新构建的波动率模型和新的变量为投资者所带来的经济利益。众所周知，如果一个模型的判断标准仅仅从计量的角度出发，即使它在统计上是最优的，但并未应用于实际，在一定程度上，并不能体现其在资本市场中的应用价值。然而，就笔者目前掌握的国内外文献来看，关于这一方面的研究更多停留在统计学的角度，从统计计量的角度证明波动率具有预测优势。而本书结合 Fleming 等（2003）、Wang 等（2015）的研究成果，希望给予这样的回答：本书新提出的波动率模型和新构建的变量不仅能改善（或提高）波动率模型的预测精度，还能为投资者带来经济收益。

1.1.2　研究问题的提出

1. 对波动率建模和预测重要性的探讨：基于学术期刊的视角

1.1.1 节已充分表明了对波动率的准确建模和预测是具有极其重要的理论和实践意义的。不论是上述提及的低频波动率（如 GARCH）模型，还是高频波动率模型，已有大量学者从事这方面的研究，足以证明波动率在金融领域研究的重要性。

2. 对 RV 和 RRV 高频波动率模型的一点思考：基于跳跃和符号跳跃变差的视角

1.1.1 节已经简单阐述了低频波动率模型（如 GARCH、SV）与基于高频数据构建的波动率模型相比具有这样或者那样的不足，无论是从模型自身结构改善还是从外在影响波动率因素（宏观和微观因素），GARCH 和 SV 族模型已经被国内外学者广泛研究，为此，本书的研究重点将转移到基于日内高频数据构建的波动率模型中。后续的章节将较为充分地阐述重点波动率模型，即基于异质市场假说（Müller et al.，1993）构建的异质自回归已实现模型（heterogeneous autoregressive model of realized volatility，HAR-RV）和已实现极差波动率模型（heterogeneous autoregressive model of realized range-based volatility，HAR-RRV）。它们具有估计简单，能刻画已实现波动率的长记忆性、尖峰厚尾等典型事实特征。

如何提高波动率模型的预测能力一直是学术界攻克的难点问题。而本书已经表明了关注的波动率模型，即为基于异质市场假说下的 HAR-RV 模型和 HAR-RRV 模型。如果仅仅是对比 HAR-RV（或 HAR-RRV）模型与简单的 GARCH 族模型和 SV 族模型及自回归分整移动平均（autoregressive fractional integral moving average，ARFIMA）模型，势必撑不起本书的框架，也并无创新和意义。后续章节将介绍跳跃的重要性和研究跳跃的范畴。已有不少学者将跳跃成分作为解释变量引入 HAR-RV 模型中，构建新的波动率模型。其中，比较知名的有：①Andersen 等（2007）首次将跳跃成分作为解释变量引入 HAR-RV 模型，构建了含跳跃成分的 HAR-RV-J 模型；Andersen 等（2007）用 Z 跳跃检验（Huang and Tauchen，2005）将已实现波动率分解为两部分，即连续样本路径方差和离散的跳跃成分，并提出构建了 HAR-RV-CJ 模型。②Corsi 等（2010）利用蒙特卡罗模拟数据和标普 500 期货指数的真实交易数据发现，当跳跃连续出现时，Huang 和 Tauchen（2005）提出的 Z 统计量不能有效地识别这样的跳跃成分，从而这样的跳跃成分会包含在连续成分中，导致低估了跳跃成分对未来波动率的影响。随后，他们利用修正的门限多次幂变差，按照 Andersen 等（2007）构建模型的思想，提出了基于 C_TZ 统计量的 HAR-RV-TJ 模型。鉴于上述分析，本书将探讨跳跃对 HAR-RV 模型的估计和预测影响。类似于 HAR-RV、HAR-RV-J、HAR-RV-CJ 等模型的构造思路，已有学者（邵锡栋和殷炼乾，2009；赵华，2012）构建了 HAR-RRV，HAR-RRV-J 和 HAR-RRV-CJ 模型。因此，本书也将研究这三种模型，以此探讨跳跃对已实现极差波动率模型的预测能力。而关于跳跃对已实现波动率和已实现极差波动率模型的研究将是第 3 章和第 4 章的研究内容。

本书将考虑最近新提出的概念：符号跳跃变差（Patton and Sheppard，2015），主要是通过已实现正负半变差相减得到的。Barndorff-Nielsen 等（2010）提出的已实现正负半变差就是按照日内收益率的正负性将 RV 分解为两部分，正半差就是日内正收益率的平方和，而负半差便是日内负向收益率的平方和。随后，已实现正负变差受到了学者，如 Chen 和 Ghysels（2010）、Sévi（2014）、Duong 和 Swanson（2015）等的广泛研究。已有不少经济学家测度下行风险，价格下降的分析，正是用的负向收益率的信息，这方面研究的先驱是 Barndorff-Nielsen 等（2010）。Roy（1952）指出经济学家已经认识了投资者对下行损失和上行收益是不对称的。另外，Markowitz（1959）提出用半方差来测度风险，而不是方差，因为半方差测度下行风险而不是上行收益。基于这样的思想，Patton 和 Sheppard（2015）、Chen 和 Ghysels（2010）等发现负向收益率构造的半变差可以导致未来风险的进一步扩大，且远大于正向的。进一步，Patton 和 Sheppard（2015）实证发现符号跳跃变差对未来波动率存在显著负向影响，降低了未来市场的波动，且有助于改善波动率模型的拟合优度和预测精度。笔者利用国内的知名期刊数据库中国知网（China National Knowledge Infrastructure，CNKI）以及国外的几大期刊国际数据库 Sciencedirect、Springer（http://www.springerlink.com/），Taylor & Francis（http://www.tandfonline.com/）、Wiley-Blackwell（http://onlinelibrary.wiley.com/）检索来看，似乎鲜有文献将符号跳跃变差拓展到含跳跃的已实现波动率模型中。基于这样的研究背景，我们完成了本书第 3 章的研究。在第 3 章的实证基础上，我们也将符号跳跃变差拓展到了已实现极差及其含跳跃的波动率模型。就目前笔者所能检索到的学术期刊论文，鲜有文献进行类似的拓展延伸，而这一部分也正是本书的创新点之一，即将符号跳跃变差作为新的研究视角全面分析了其对已实现极差波动率模型的预测能力，其研究结论进一步扩展和丰富了 HAR-RRV 模型，也为对已实现极差波动率的研究提供了新的研究视角，而本书的检验方法和实证结果对于中国股票市场的风险管理问题都具有一定的理论和现实意义。当然，将符号跳跃变差拓展到含跳跃的已实现波动率模型中，也鲜有文献进行类似的处理和研究。

基于 Barndorff-Nielsen 等（2010）的研究，Chen 和 Ghysels（2010）提出了新的 HAR-S-RV-J 波动率模型，其实质是按照正负半变差的做法，将 HAR-RV-J 模型中的 RV 进行分解得到的。然而，就目前所掌握的国内外文献来看，鲜有文献对 HAR-RV-CJ 和 HAR-RV-TJ 模型按照符号收益率的思想进行进一步的挖掘和拓展。而 HAR-RV-CJ 和 HAR-RV-TJ 不论是在模型的拟合上还是预测方面均有较好的表现。鉴于此，我们借鉴 Barndorff-Nielsen 等（2010）、Chen 和 Ghysels（2010）的研究思路，对 HAR-RV、HAR-RV-CJ 和 HAR-RV-TJ 模型进行了类似的分解，构建了新的波动率模型，然后对比各种新旧 HAR-RV 类模型对我国股票市场波动率的预测能力。在分解这些模型时，我们将借鉴 Barndorff-Nielsen 等（2010）、Patton 和 Sheppard（2015）的思想，提出含跳跃检验的正负连续样本路径方差，进一步，又按照 Patton 和 Sheppard（2015）的思想，提出了新的符号跳跃变差，与 Patton 和 Sheppard（2015）不同的是，新提出的符号跳跃变差含有跳跃检验，以此作为新的研究视角来研究它们对波动率模型的估计和预测影响。而这正是第 4 章所解决的问题。而这一部分和第 3 章的相关研究也是本书的又一个创新点，即研究了跳跃和符号跳跃变差对已实现波动率模型的影响，并进一步拓展到含跳跃的已实现波动率模型中，充分论述了符号跳跃变差对波动率模型的影响；进一步，结合已有的显著性跳跃检验，构造了新的符号跳跃变差，并以此为基础，拓展了新的已实现波动率模型，进一步扩大了符号跳跃变差的研究内涵，进而为波动率模型的研究提出新的研究视角[①]。符号跳跃变差仅限于 HAR-RV 族模型，由于其自身定义的限制，本书并没有将这一章的研究内容拓展到 HAR-RRV 族模型。

3. 线性结构的异质自回归已实现和已实现极差波动率模型是否合理？基于马尔可夫状态机制的视角

众所周知，HAR-RV 和 HAR-RRV 及其拓展模型的估计系数都是固定不变的，由于很多的因素影响，如经济周期循环、非常规突发事件和一些经济事件，可能

① 关于这一部分的研究，笔者已经做了较为充分的前期工作，已完成数篇论文，分别发表在《系统管理学报》《管理科学学报》，*Applied Economics*，*Energy Economics* 等上。

会导致波动率的统计学特征（如长记忆性）出现结构突变（Rapach and Strauss，2010）和机制转化（Hamilton and Susmel，1994）等复杂的特征。已有文献（Diebold and Inoue，2001；Goldman et al.，2013）发现，已实现波动率不仅具有长记忆性这一典型事实，还具有结构变化特征。另外，Ding 等（1993）指出，已实现波动率的长记忆性具有时变性的特征，而非固定不变的。进一步，已有文献（Raggi and Bordignon，2012）实证发现，低波动率往往具有更长久的持续性。另外，孙金丽和张世英（2003）指出在一个不成熟的金融市场上，结构变化是一个普遍存在的现象，其基本诱因在于经济政策的出台、金融监管制度的变迁以及金融市场自身的完善，因此，对这种结构转换的描述便成为必要。鉴于以上分析，线性的 HAR-RV 和 HAR-RRV 是否还能准确刻画波动率的内在特征和预测波动率呢？不难得知，马尔可夫状态转化模型在波动率建模和预测方面受到了国内外学者的广泛关注，如 Abounoori 等（2016）、Goldman 等（2013）。值得特别说明的是，尽管上述所提及的文献涉及马尔可夫机制，然而这个机制多与 ARFIMA、GARCH 和 SV 等模型结合来刻画和预测波动率，鲜有文献将马尔可夫状态转化机制引入已实现波动率模型和已实现极差波动率模型。鉴于上述分析，本书将马尔可夫状态转化机制引入已实现波动率和已实现极差波动率模型，构建新的波动率模型，充分考虑已实现波动率和已实现极差波动率可能会出现结构突变、机制等特征，而它们不仅具有理论背景，而且具有大量的实证依据，随后探讨其预测效果。这就是本书第 7 章探讨的主要问题，即引入马尔可夫状态转化机制后，能改善原有波动率模型的预测效果吗？然而，这也将成为本书的又一创新点，即将马尔可夫状态转化机制拓展到预测效果较优的异质自回归已实现波动率和已实现极差波动率，充分考虑了不同波动状态下的已实现波动率和已实现极差波动率对未来市场波动的影响①。

4. *对波动率模型能否为投资者带来经济利益的一点思考*

一个模型的好坏如果仅仅从计量的角度来判断，至少是不完美的。作为一个科研工作者，应该将自己的“产品”应用于实践，而非仅限于发表论文层面上。就笔者自身投稿的经历而言，审稿人不仅关心你提出的波动率模型的计量统计优势，也关注波动率模型所能给投资者带来的经济利益。基于这一想法，本书将回答新提出的变量和新构建的波动率模型是否比已有的高频波动率模型能获取更多的经济收益这一问题。而如何将波动率模型和现实中的资产经济收益联系起来呢？Fleming 等（2003）提出了 volatility timing 理论，可翻译为波动择时理论。就

① 关于这一方面研究，笔者已经做了较为大量的前期工作，已完成数篇论文，分别发表在 *Journal of Banking & Finance*，*Applied Economic Letters*，《系统工程》等上。

目前所掌握的国内文献来看，国内学者关于波动率预测方面更多的是研究其在统计意义上的优势，而似乎鲜有文献关注他们构建的波动率模型是否能创造收益。鉴于此，本书予以解决回答的问题是：新提出的波动率模型相比已有波动率模型是否能创造更多的收益。然而，Wang 等（2016）指出，就目前所能检索到的文献来看，关于已实现波动率模型的经济价值的论文并不多见。另外，由于本书是研究高频数据下非参数波动率的测度、建模等，所以本书还涉及了已实现极差波动率，然而基于已实现极差波动率来研究经济价值的文章较少。因此，本书关于这一方面的研究极大地丰富了波动率预测方面的内容，也进一步为提高研究波动率模型的价值作出了实质性贡献①。而这一方面的思考及在本书的应用，也成为本书的最后一个创新点，即将波动率模型预测结果和波动择时理论结合使用，以投资组合的研究视角来充分探讨波动率模型所能创造的经济价值，进一步丰富和完善了已实现波动率和已实现极差波动率模型的研究范畴，而且为研究应用于实践提出了新的研究思路，尤其是我国相关研究领域的研究者。

基于对上述的思考，本书将分别提出相应的问题和解决方案。

1.1.3　研究意义

如何提高波动率的预测精度一直是金融学术界和实务界亟待攻克的难点问题。近十多年来，基于高频交易数据的各种波动率模型在此领域取得了令人瞩目的进展。而相比日、月等低频数据，金融高频数据包含更为丰富的市场信息，这也是近几年学术界研究的热点方向，而以其为基础提出的波动率测度方法也逐渐成为学术界研究的热点问题。不可否认的是，对波动率的刻画和预测研究成为学术界及实务界的热点与难点问题，因此，对金融资产波动率的准确建模和预测具有极其重要的理论与实践意义。

本书的理论意义在于：从已实现波动率和已实现极差波动率内在机理出发，提出了马尔可夫状态转化高频波动率模型，进一步丰富了原有波动率模型，还为构建非线性的高频波动率模型提供了实证和理论依据。而本书在研究马尔可夫高频波动率模型时，利用我国沪深 300 指数作为研究对象来探讨其波动率，不仅丰富了我国金融市场的理论体系，还为金融风险管理理论的创新提供了实证依据。另外，本书基于高频数据中所出现的跳跃现象，进一步借助相关跳跃检验，提出了相应的参数变量，极大丰富了已实现变差理论的研究内涵，提出了新的研究视角，为进一步准确刻画和预测波动率作出了实质性的贡献，也为研究资产定价、投资组合以及风险测度提供了新的研究视角，进而丰富了相关的研究理论和研究内容。

① 关于这一方面的研究，笔者已用此方法与高频波动率模型结合完成论文数篇，并取得了较好的进展。

本书的实际意义在于：本书研究的市场不仅局限于中国股票市场，还涉及原油等期货市场。而本书的研究成果不仅可以为中国的股票市场的健康稳定发展提供一定的实践证据，也为原油期货市场所表现的复杂特征进行相应的建模提供重要的实证参考依据。而就国内外相关高频波动率的研究而言，不论是国外成熟市场还是新兴的资本市场，多以线性的异质已实现波动率和已实现极差模型预测为主，而本书提出的马尔可夫高频波动率模型所具有的良好表现，进一步表明我国股票市场的复杂多变性，另外，新构建的变量和波动率模型等，不仅可以为刻画相关资本市场提供更符合市场特征的波动率模型，还可为投资者提供新的投资策略。

1.2 波动率模型研究

1.2.1 基于 GARCH 族模型

Engle（1982）提出了自回归条件异方差模型（autoregressive conditional heteroskedasticity model，ARCH），Engle 和 Bollerslev（1986）在其基础上构建了 GARCH 模型，国内外学者（Awartani and Corradi，2005；方立兵等，2010）已发表了大量关于波动率建模和预测的论文。同时，鉴于波动率在金融领域中有着重要的地位，关于波动率模型的文献主要集中研究金融时间序列（如股票、外汇等），因此近 30 年来金融时间序列研究在经济时间序列研究中占据了主导地位。随后，基于新生变量服从的真实分布以及收益率表现出的典型事实特征等，国外学者拓展了众多的 GARCH 族模型，如 EGARCH（Nelson，1991）、HYGARCH（Davidson，2004）等。

上述模型广泛应用于金融市场波动率的建模和预测。例如，Harrison 和 Moore（2012）利用 12 种 GARCH 波动率模型来分析它们对中东欧国家股票市场波动率的预测能力，实证发现非对称的 GARCH 模型展现出更高的预测精度。Mohammadi 和 Su（2010）利用 GARCH，EGARCH，APARCH 和 FIGARCH 这四种 GARCH 模型来预测 11 个国家的原油现货价格波动率，样本外的预测结果表明非对称效应的 APARCH 比其他模型具有更优的预测表现。Wei 等（2010）利用八种 GARCH 模型来探索布伦特（Brent）和西得克萨斯（West Texas Intermediate，WTI）原油市场的波动率，将它们分为线性和非线性两大类波动率模型，并利用六种损失评价标准和高级预测能力检验法（superior predictive ability，SPA）发现，一般而言，非线性的 GARCH 族模型具有比线性模型更高的预测精度。McMillan 和 Speight（2004）以 17 国的外汇数据来比较 GARCH 族模型、简单的指数平滑法和移动平均模型预测能力的优劣，实证发现 GARCH 族模型具有更好的预测表现。黄海南和钟伟（2007）的研究结果表明，无论是样本内还是样本外，GARCH 族模型都能够较好地预测上证指数的收益波动率。其中，偏斜 t 分布假设下的 GJR(1, 1)模型的预测能力最强。

然而，上述 GARCH 族模型均为单一状态模型，即假定收益率的条件方差表现出单一结构（孙金丽和张世英，2003）。在复杂多变的现实环境下，这类模型可能存在无法准确描述真实市场波动状况等问题。因此，Hamilton 和 Susmel（1994）将马尔可夫状态转换机制（Markov-switching，MS）引入 ARCH 模型中，提出新的 MS-ARCH 波动率模型，实证发现不同状态下模型的参数估计存在显著差异，即表明波动率在不同状态下存在不同的动态表现，进一步利用真实的股票交易市场数据来研究 MS-ARCH 模型，得到该模型能较好地刻画波动率的变化特征的结论。在 MS-ARCH 模型的基础上，Gray（1996）提出了 MS-GARCH 模型，实证发现它的预测能力明显优于 GARCH 模型。随后，Marcucci（2005）也对 MS-GARCH 模型进行了相关研究。基于 MS-GARCH 构建的思想，已有学者将马尔可夫机制拓展到其他的 GARCH 模型，如 MS-EGARCH（Henry，2009）、MS-ARJI-GARCH。然而，就申请者目前所检索到的文献来看，鲜有文献将马尔可夫状态转换机制嵌入到更为复杂的 GARCH 族模型（如 HYGARCH）之中，原因是这些模型自身参数估计较为复杂，如果结合状态转换机制，势必会进一步增加模型参数估计的难度，而且模型背后的运算机理更难以捉摸。

值得肯定的是，上述模型在早期的波动率刻画和预测研究以及市场实践中都取得了令人瞩目的成绩。然而不容忽视的是，近期越来越多的研究表明（Carnero et al.，2004；Corsi，2009）：用日数据来刻画市场的波动率，会损失大量宝贵的日内价格波动信息。例如，日收益率的计算依据是相邻两天收盘价的一阶对数差分（$R_t = \ln P_t - \ln P_{t-1}$），假如相邻两天的收盘价较为接近，那么用该公式计算的日收益率就会很小，从而导致观察者认为市场并无剧烈波动发生。但如果在第 t 天的交易日内，市场出现了较大幅度的波动，而只是收盘价恰巧趋近于第 t–1 天的收盘价，上述市场并无剧烈波动发生的判断显然是对真实市场的错判。在 2015 年 6 月～8 月我国股市发生剧烈波动期间，这种现象经常出现。因此，从这一角度来看，仅仅采用日数据来刻画市场波动率存在着明显的缺陷和偏差。

1.2.2　基于高频数据构建的已实现波动率模型

在金融市场中，信息连续地影响价格的运动过程。离散的数据会造成不同程度的信息缺失。从这一角度看，数据采集的频率越高，丢失的信息越少。因此，高频数据所包含的信息远多于低频数据的，如市场微观结构的信息等。Andersen

和 Bollerslev（1998）提出基于高频数据的 RV①。随后，Andersen 等（2001，2003）、Barndorff-Nielsen 和 Shephard（2004，2006）等做出了开创性的理论和计量工作。研究表明，RV 是一种较好的对真实市场波动率的无偏估计，与日收益率的平方和日极差等传统测度指标相比，具有更少的噪声和更高的测度精度。另外，已实现波动率不仅可以直接观测，而且无参数估计，还可以克服单（多）元 GARCH 模型和 SV 模型参数难以估计的弱点。随后，基于已实现波动率的建模和预测研究逐渐成为近十年研究的热点问题（杨科等，2013；马锋等，2015）。本节对 RV 模型的概括和评价主要分四个模块。

第一，将 RV 作为附加解释变量加入 GARCH 族模型。例如，国外学者（Blair et al.，2001；Martens，2002）实证发现将 RV 作为解释变量加入 GARCH 族模型后，可显著地改善原有模型的预测精度。国内学者魏宇（2010）以我国第一只股指期货的仿真交易高频数据为例，运用样本外滚动时间窗的预测技术和 SPA 检验法，全面对比了基于日收益数据的历史波动率模型和基于高频数据的已实现波动率模型对波动率的刻画与预测能力，实证结果显示，已实现波动率模型以及加入附加解释变量的扩展随机波动模型是预测精度较高的波动模型。限于篇幅，此类相关的其他文献不一一赘述。然而，这样的拓展仍克服不了“GARCH 及其拓展模型”中所指出的问题。另外，如果把 RV 加入更为复杂的 GARCH 族模型，可能会存在参数估计不收敛等问题。

第二，ARFIMA 已实现波动率模型。已有学者（Liu and Wan，2012）利用真实的市场交易数据发现在对已实现波动率取对数后（标记为 lnRV），其波动特征可以用高斯动力学过程来描述，且 lnRV 序列展现出较为明显的长记忆性。之后，已有不少学者（郭名媛和张世英，2006；杨科和陈浪南，2012）采用 ARFIMA 模型来描述 lnRV 的上述动力学特征，构建 ARFIMA-lnRV 模型，实证发现该模型在预测波动率方面具有更好的优势。但是，Corsi（2009）指出分整模型（如 FIGARCH 和 ARFIMA 等）缺乏明确的经济解释，而且由于分整模型自身结构问题（如差分算子），会致使损失相应的市场交易信息。

第三，一种简单的线性波动率模型即 HAR-RV 模型，逐渐成为当下最为流行的波动率模型之一。该模型首先由 Corsi（2009）提出，通过模拟和真实的金融市场交易数据发现，相比 ARFIMA 及短记忆模型，HAR-RV 模型不仅具有估计简便和较好的预测能力，它还能很好地刻画波动率的长记忆和胖尾等典型特征。就目前检索到的文献来看，已有学者（Bollerslev et al.，2015；陈国进和王占海，2010）利用 HAR-RV 模型刻画和预测金融市场的波动率。

① 学术界目前用高频数据构建的波动率测度方法主要有：已实现波动率（RV）和已实现极差波动率（realized range volatility，RRV）（Christensen and Podolskij，2006，2007）。考虑到研究内容和议题，本书仅涉及已实现波动率。

第四，其他的已实现波动率模型。主要代表有 Realized GARCH 模型（Hansen et al.，2012）、MIDAS（mixed data sampling）模型（Ghysels et al.，2007）、HEAVY（high-frequency-based volatility）模型（Noureldin et al.，2012）、MEM（multiplicative error model）模型（Engle and Gallo，2006）等。

1.2.3　其他波动率模型

大量实证研究表明，金融市场具有令人琢磨不透的极其复杂的波动行为，因此有研究采用神经网络（Vortelinos，2017）、遗传算法（Oh et al.，2006）和小波分析（Tang et al.，2009）来预测金融市场的波动率。另外，还有学者（Wei and Wang，2008）借助多分形理论构建多分形波动率等。尽管这些复杂的方法和多分形波动率等取得了较好的预测效果，但难以发表在主流经济金融类期刊上，可能的解释是这些复杂方法背后的经济联系和运算机理难以像传统计量方法那样直观地解释说明。

第 2 章　已实现波动率模型介绍及其预测

2.1 概　　述

对波动率的刻画和预测是学术界与实务界关注的热点问题。近十多年，随着计算机存取等技术的飞速发展，学者获取金融市场的高频数据变得更为容易和简便，为此，基于日内高频数据构建的波动率及其模型受到了国内外学者的广泛关注（Andersen et al.，2003；吴恒煜等，2015）。其中，具有代表性的是 Andersen 等（2001）提出的 RV 模型，它不仅计算简便，还是潜在波动率的无偏性估计量，鉴于上述优点，已实现波动率及其建模受到了国内外学者的广泛关注，因此，该测度方法及基于该测度方法建模的已实现波动率模型近十多年来受到了学术界和实务界的高度重视。

值得特别注意的是，Corsi（2009）认为分整模型（如 FIGARCH，ARFIMA）缺乏明确的经济解释，而且由于分整模型自身结构问题（如差分算子），会损失相应的市场交易信息。在异质市场假说（Müller et al.，1993）的基础上，Corsi（2009）提出了简单的 HAR-RV 模型，通过蒙特卡罗模拟数据和真实的美国标准普尔 500 期货指数发现，相比 ARFIMA 模型及短记忆模型，HAR-RV 模型不仅具有估计简便和较好的预测能力，还能很好地刻画波动率的长记忆、胖尾等典型特征。鉴于上述优势，HAR-RV 模型逐渐成为学术界推崇的高频波动率模型之一①。

近年来，在金融市场中，分形被认为是一个典型事实，已有学者发现金融市场存在显著且复杂的分形特征。有趣的是，Zunino 等（2008）研究表明分形不仅存在于成熟股票市场，还存在于新兴股票市场，但成熟股票市场的分形强度要弱于新兴股票市场。值得一提的是，对中国股票市场的分形特征研究，所得结论都基本一致，即不论是深市还是沪市，都存在显著的分形特征（魏宇等，2015）。已有学者（Mandelbrot，1997；魏宇，2009）认为多分形理论的工具和方法在金融市场中具有更强的实用性。因此，本章引入了 Wei 和 Wang（2008）基于高频价格序列提出的多分形波动率（multi-fractal volatility，MFV），并以此构建了

---

① 以谷歌学术检索为例，截止到 2015 年 12 月 31 号，文章 A simple approximate long-memory model of realized volatility（Corsi，2009）被引次数达 562 次。

ARFIMA-lnMFV 模型。然而，就目前所能检索到的国内文献，鲜有文献尝试回答这一问题：异质自回归已实现波动率模型的预测效果优于多分形波动率模型的预测效果吗？

鉴于此，本章研究目的及特色主要是利用中国股票市场真实的交易数据来评价 HAR-RV，ARFIMA-lnRV，ARFIMA-lnMFV，ARFIMA-lnMV 等模型的预测表现。为保证结论更为可靠和更具有外延性，不仅引入了较为常用的 GARCH 族模型（GARCH（Bollerslev，1986）、EGARCH（Nelson，1991）、GJR-GARCH（Glosten et al.，1993）、APARCH（Ding et al.，1993）、IGARCH（Engle and Bollerslev，1986）、FIGARCH（Baillie et al.，1996）、FIEGARCH（Baillie et al.，1996）、HYGARCH（Davidson，2004）），还引入了上述高频波动率模型（RV，MFV 和 MV）的短记忆性模型，如 ARMA-lnRV，ARMA-lnMFV，ARMA-lnMV 等。在预测波动率方面，本书采用了学术界较为常用的样本外滚动预测技术（Corsi，2009；龙瑞等，2011），该预测方法的最大优势是可以规避数据挖掘偏误的影响（魏宇，2009；魏宇等，2015；马锋等，2015），因为每次滚动估计的样本点是动态变化的，而且每次滚动估计后的模型参数也是变化的。另外，波动率模型预测能力的优劣更多的是取决于各波动率模型在样本外的表现（Egorov et al.，2006；Wang et al.，2016）。最后，本章运用 Hansen 等（2011）提出的较为新颖的模型可信集（model confidence set，MCS）来评价分析各波动率模型对真实市场实际波动特征的刻画能力和预测精度。就目前所掌握的国内文献来看，利用该检验方法来评价各波动率模型预测能力的文献并不多见，而且 MCS 检验方法比 SPA 检验法（Hansen and Lunde，2005b）的条件更为宽松，其可以同时进行多个模型检验，而非选择基准波动率模型予以逐个比较。

2.2　已实现波动率测度及其异质自回归模型介绍

2.2.1　高频数据介绍

本书所提及的高频数据仅限于股票市场中每个交易日可以获取的每分钟交易信息。当然，现有文献（Akram et al.，2009；Bandi and Russell，2008）在研究高频波动率时，已涉及逐笔的交易数据。然而，尽管逐笔数据所包含的信息量很大，但存在数据量巨大、处理较为复杂以及数据不规则等特点，导致目前国内外学术界在研究高频波动率时仍以分钟为抽样单位。为了更好地介绍本书所指的高频数据，本章以 2005 年 4 月 8 日沪深 300 指数的 1min 高频数据为例，并以数表的形式予以展示。表 2-1 充分展示了每一分钟（9:31，9:32，…，15:00）高频数据中所包含的信息，如收盘价、成交量等，然而考虑到研究的重点是波动率，本章仅关注每分钟的收盘价的信息（也可以理解为价格记录）。而这一连串的收盘价，就是本书所特指的高频数据。以 1min 抽样频率为例，由表 2-1 不难发现，每个交易日可获取 240 个收盘价。

表 2-1 沪深 300 指数 1min 高频数据展示（数据来自 CSMAR 高频数据库）

日期	时间	开盘价	最高价	最低价	收盘价	成交量	成交额
2005/4/8	9:31	984.665	984.665	983.803	983.803	131 476	73 091 272
2005/4/8	9:32	983.833	984.184	983.833	984.184	54 016	27 809 568
⋮	⋮	⋮	⋮	⋮	⋮	⋮	⋮
2005/4/8	11:30	986.097	986.431	986.097	986.428	38 959.5	24 968 192
2005/4/8	13:01	986.615	986.615	986.505	986.505	92 000	54 936 576
⋮	⋮	⋮	⋮	⋮	⋮	⋮	⋮
2005/4/8	15:00	1 002.508	1 003.595	1 002.508	1 003.445	354 318	209 995 776

2.2.2 已实现波动率和已实现二次幂变差测度方法简要介绍

已实现波动率（RV）定义为交易日内所有可获得的日内收益率的平方和，其计算公式为

$$\mathrm{RV}_t = \sum_{j=1}^{1/\varDelta} r^2_{(t-1)+j*\varDelta,\varDelta} \tag{2-1}$$

其中，$\varDelta$ 表示抽样间隔，如果以中国股票市场为例，则 $\varDelta$ 等于 1/48。在抽样频率无限趋近于 0 时，已实现二次幂变差（bipower variance，BPV）可以等价于积分波动率（$\int_0^t \sigma^2(s)\mathrm{d}s$），计算公式如下：

$$\mathrm{BPV}_t = u_1^{-2}\sum_{j=2}^{1/\varDelta} | r_{(t-1)+j*\varDelta} || r_{(t-1)+(j-1)*\varDelta} | \to \int_0^t \sigma^2(s)\mathrm{d}s \tag{2-2}$$

其中，$u_1 = (2/\pi)^{0.5} \approx 0.7979$。

2.2.3 异质自回归已实现波动率（HAR-RV）模型

异质市场假说的核心思想是认为交易者是异质的，其给出的解释是由于交易者可能存在代理商禀赋的差异、制度约束、地理位置、风险意识等，不同投资者对同一市场消息的反应是不一致的（如交易时间），从而会对市场价格和波动造成不同的影响。为此，Corsi（2009）基于异质市场假说构建了异质自回归已实现波

动率模型（HAR-RV），该模型包含三种自变量：第一种为已实现波动率（RV），其代表短期投资者的交易行为；第二种为已实现波动率的周平均（RVW），代表中期投资者的交易行为；第三种为已实现波动率的月平均（RVM），代表长期投资者的交易行为。而已实现波动率的周平均和月平均的计算公式如下：

$$\mathrm{RVW}_t = \frac{1}{5}(\mathrm{RV}_t + \mathrm{RV}_{t-1} + \mathrm{RV}_{t-2} + \mathrm{RV}_{t-3} + \mathrm{RV}_{t-4}) \tag{2-3}$$

$$\mathrm{RVM}_t = \frac{1}{20}(\mathrm{RV}_t + \mathrm{RV}_{t-1} + \cdots + \mathrm{RV}_{t-17} + \mathrm{RV}_{t-18} + \mathrm{RV}_{t-19}) \tag{2-4}$$

由于中国股票市场和美国股票市场年交易天数的差异，本章和后续章节在计算已实现波动率的月平均时选择了除以 20（仅涉及中国股票市场时），而非国外学者（Andersen et al.，2007；Corsi，2009）采用的 22 天月平均。HAR-RV 模型的具体表达式为①

$$\mathrm{RV}_{t+1} = c + \beta_d \mathrm{RV}_t + \beta_w \mathrm{RVW}_t + \beta_m \mathrm{RVM}_t + \omega_{t+1} \tag{2-5}$$

其中，ω_{t+1}为扰动项，服从正态分布。尽管 HAR-RV 模型的形式简单，但它能刻画波动率的长记忆、胖尾等典型特征。该模型主要反映了市场的波动是一个由不同波动成分相互叠加的复杂混合波动，它是由短、中、长期投资者等交易行为共同作用的结果，其偏回归系数直接度量了特定类型交易者的行为对整个波动率的边际影响。另外，HAR-RV 模型可以通过最小二乘法结合 Newey West 协方差修正形式进行估计，与 ARFIMA 模型相比，该模型不仅避免了 ARFIMA 模型的复杂估计，还具有更强的解释能力。

2.3　GARCH 族模型、已实现和多分形分整模型介绍

2.3.1　GARCH 族模型

1. GARCH 模型

为了更好地展示和突出本章 HAR-RV 模型预测效果，本章也引入了常见的 GARCH（Bollerslev，1986）、EGARCH（Nelson，1991）、GJR-GARCH（Glosten et al.，1993）、APARCH（Ding et al.，1993）、IGARCH（Engle and Bollerslev，1986）、FIGARCH（Baillie et al.，1996）、FIEGARCH（Baillie et al.，1996）和 HYGARCH（Davidson，2004）。如果不把 GARCH 族模型加入对比，可能会有读者有疑问：在对中国股票市场波动率预测能力上，HAR-RV 能否打败最常用的 GARCH？如果不能战胜最常用的 GARCH 模型，HAR-RV 模型的实用价值就大打折扣了。

① 关于 HAR-RV 模型更为详细的介绍，可参阅 Corsi（2009）的相关研究。

金融时间序列一般会出现异方差性和波动聚集效应等特征。为解决这一问题，Engle（1982）首次提出了 ARCH 模型。之后，Bollerslev（1986）在 ARCH 模型的基础上进行了扩展，提出了 GARCH 模型。GARCH 模型假定金融资产的日收益率满足以下形式：

$$R_t = \mu_t + \varepsilon_t = \mu_t + \sigma_t^2 z_t \tag{2-6}$$

其中，R_t 为收益率，定义为当天收盘价的对数减去前一天收盘价的对数，即 $R_t = \log(P_t) - \log(P_{t-1})$[①]（$P$ 为收盘价）。另外，μ_t 为均值模型中的条件均值，σ_t^2 为方差方程中的条件方差，z_t 服从 NID(0,1) 分布。

GARCH(p, q)模型认为日收益率波动的条件方差 σ_t^2 是可观测的（魏宇，2009）。然而，在选择 GARCH(p, q)的滞后阶数时，Akgiray（1989）、Engle 和 Ng（1993）等认为 p 和 q 取值都为 1 的 GARCH 模型一方面具有更好的拟合性，另一方面在金融领域上的应用更为广泛而且也符合计量模型“简约性”的要求。GARCH(1, 1)模型则假定条件方差满足以下形式：

$$\sigma_t^2 = \omega + \alpha\varepsilon_{t-1}^2 + \beta\sigma_{t-1}^2 \tag{2-7}$$

由式（2-7）可知，σ_t^2 为条件方差，为保证其非负性，则有参数 ω，α 和 β 都大于 0。另外，如果 $\alpha + \beta < 1$，则表明 GARCH 模型是平稳的。如果 $\alpha + \beta$ 的值趋于 1，则表明波动的持续性较持久。

2. EGARCH 模型

Nelson（1991）提出指数 GARCH（Exponential GARCH，EGARCH）模型，并指出 GARCH 模型的参数限制过于严格，而该模型中的参数并无太多限制，该模型的具体形式为

$$\log(\sigma_t^2) = \omega + \alpha z_{t-1} + \gamma(|z_{t-1}| - E|z_{t-1}|) + \beta\log(\sigma_{t-1}^2) \tag{2-8}$$

其中，γ 为波动率的杠杆效应。

3. GJR-GARCH 模型

Glosten 等（1993）提出了非对称的 GARCH（GJR-GARCH）模型，认为负向和正向冲击对股票波动率的影响是不一样的，即所谓的非对称性。该模型也是 GARCH 族模型里面的“明星模型”，GJR-GARCH(1, 1)的表达式为

$$\sigma_t^2 = \omega + [\alpha + \gamma I(\varepsilon_{t-1} < 0)]\varepsilon_{t-1}^2 + \beta\sigma_{t-1}^2 \tag{2-9}$$

其中，$I(\cdot)$ 为指示函数，即满足其括号内的条件，取值为 1，反之为 0。γ 为非对称杠杆系数，可以捕捉波动率的不对称性。

---

① 本书中的 log 均指 ln。

4. APARCH 模型

Ding 等（1993）提出了非对称幂的 ARCH（APARCH）模型，该模型的具体表达形式为

$$\sigma_t^\delta = \omega + \alpha(|\varepsilon_{t-1}| - \gamma\varepsilon_{t-1})^\delta + \beta\sigma_{t-1}^\delta \tag{2-10}$$

其中，参数 δ 为条件标准差 σ_t 的 Box-Cox 的转化角色，而 γ 为波动率杠杆效应。当 $\delta = 2$ 和 $\gamma = 0$ 时，即为 GARCH 模型，而 $\delta = 2$ 时，其形式为 GJR-GARCH 模型。

5. IGARCH、FIGARCH 模型

Baillie 等（1996）提出了长记忆性的 FIGARCH 模型，其具体表现形式为

$$\sigma_t^2 = \omega + \beta\sigma_{t-1}^2 + [1-(1-\beta L)^{-1}(1-\varphi L)(1-L)^d]\varepsilon_t^2 \tag{2-11}$$

其中，各参数满足：$0 < d < 1$，$\varphi, \beta < 1$，d 为分整参数，L 为滞后算子。参数 d 可以测度波动率的长记忆性特征。当 $d = 0$ 时，为 GARCH 模型，而当 $d = 1$ 时，为 IGARCH 模型（Engle and Bollerslev，1986）。

6. FIEGARCH 模型

Baillie 等（1996）在 EGARCH 模型（Nelson，1991）的基础上，结合分整模型提出了 FIEGARCH 模型，其定义为

$$\log\sigma_t^2 = \omega + \phi(L)^{-1}(1-L)^{-d}[1+\alpha(L)]g(z_{t-1}) \tag{2-12}$$

$$g(z_t) \equiv \gamma_1 z_t + \gamma_2[|z_t| - E|z_t|] \tag{2-13}$$

其中，L 为滞后算子。如果仅考虑正态分布下的 FIEGARCH 模型，则 $E|z_t| = \sqrt{2/\pi}$。Davidson（2004）提出了双曲线记忆 GARCH（hyperbolic GARCH，HYGARCH）模型，则 HYGARCH(1, d, 1)的表达式为

$$\sigma_t^2 = \omega + \{1-(1-\beta L)^{-1}\varphi L\{1+k[(1-L)^d - 1]\}\}\varepsilon_t^2 \tag{2-14}$$

其中，L 为滞后算子，d 为条件波动率的长记忆性特征，如果 $d > 0$，则认为条件波动率序列具有长记忆性特征。

2.3.2　自回归分整移动平均已实现波动率模型

依据已有文献的结论（Martens，2002；魏宇，2009），本章对 lnRV 建立了模型 ARFIMA(1, d, 1)，而 ARFIMA(p, d, q)模型的一般形式表示为

$$\varphi(L)(1-L)^d(Y-u) = \Theta(L)\varepsilon_t \tag{2-15}$$

$$\varphi(L) = 1 - \varphi_1 L - \varphi_2 L^2 - \cdots - \varphi_p L^p \tag{2-16}$$

$$\Theta(L) = 1 + \theta_1 L + \theta_2 L^2 + \cdots + \theta_q L^q \tag{2-17}$$

其中，L 为滞后算子，$(1-L)^d$ 为分数差分算子，u 为 Y 的均值，残差满足：$\varepsilon_t \sim \mathrm{NID}(0,\sigma_\varepsilon^2)$（魏宇等，2015）。本章对利用 lnRV 构建的 ARFIMA 模型标记为 ARFIMA-lnRV，即 Y 为 lnRV。由于模型 ARFIMA-lnRV 着重刻画波动的长记忆性，基于稳健性考虑，在本章的实证研究部分也考虑了具有短记忆特征的 ARMA(1, 1)-lnRV 模型。另外，本章还考虑了连续的积分波动率，即 Y 为 lnBPV，构建 ARFIMA-lnBPV 及其短记忆模型 ARMA-lnBPV。

2.3.3　多分形波动率模型

对多分形波动率测度（MFV）的计算方法采用常用的“数盒子”法，具体计算步骤可以参阅 Wei 和 Wang（2008）、魏宇等（2015）的相关研究。基于这一方法，Wei 和 Wang（2008）构建了一种多分形波动率的测度指标（记为 MFV）：

$$\mathrm{MFV}_t = \lambda_1 \Delta\alpha_t \tag{2-18}$$

$$\lambda_1 = \frac{N^{-1}\sum_{t=1}^{N} R_t^2}{N^{-1}\sum_{t=1}^{N}\Delta\alpha_t} \tag{2-19}$$

其中，$\Delta\alpha$ 为多分形谱极差，计算公式为 $\Delta\alpha = \alpha_{\max} - \alpha_{\min}$。王鹏和王建琼（2008）、魏宇等（2015）指出 $\Delta\alpha$ 越大，表明当天价格走势的分布越不均匀，当天价格的波动幅度越大。换句话说，$\Delta\alpha$ 是一种能够测度市场日波动率大小的定量描述指标。N 为样本内的观察天数。R_t^2 为日收益率的平方。最近，由于研究发现已实现波动率比日收益率的平方具有更少的噪声（Andersen and Bollerslev，1998；马锋等，2015）。利用已实现波动率构建了一种新的多分形波动率测度，记为 MV_t，其定义为

$$\mathrm{MV}_t = \lambda_2 \Delta\alpha_t \tag{2-20}$$

$$\lambda_2 = \frac{N^{-1}\sum_{t=1}^{N} \mathrm{RV}_t}{N^{-1}\sum_{t=1}^{N}\Delta\alpha_t} \tag{2-21}$$

从式（2-20）可以看出，该多分形波动率测度与式（2-19）定义的 MFV_t 的测度方法的不同在于，其对尺度参数的构建依据为已实现波动率，而非收益率的平方。因此，按照 Wei 和 Wang（2008）、魏宇等（2015）的已有工作，本章也使用 ARFIMA 模型对多分形波动率模型进行刻画，构建 ARFIMA-lnMFV 和 ARFIMA-lnMV。类似于 RV 测度方法，我们也考虑了短记忆模型，即 ARMA-lnMFV 和 ARMA-lnMV。

鉴于上述分析，本章考虑的模型主要包括 HAR-RV，ARFIMA-lnRV，ARFIMA-lnBPV，ARFIMA-lnMFV，ARFIMA-lnMV，ARMA-lnRV，ARMA-lnBPV，ARMA-lnMFV，ARMA-lnMV。

2.4　样本数据来源说明、统计性描述及多重除趋势分析

2.4.1　样本数据来源说明、统计性描述

本章研究的数据样本为上证综指从 2000 年 1 月 1 日至 2013 年 3 月 31 日的每 1min 高频数据（剔除节假日等，共 $N=3164$ 个交易日），数据来源于 CSMAR 高频数据库。上海证券交易所每个交易日有 4 个小时连续竞价交易时间（9:30～11:30，13:00～15:00），因此，以 5min 作为抽样频率，则每个交易日内可获得 48 个高频数据，那么高频数据总量为 151 872 个。

表 2-2 展示了主要研究序列的统计学描述特征。从表 2-2 发现已实现波率、已实现二次幂变差、多分形波动率等序列展示了很强的有偏、尖峰和自相关等显著性特征，而它们的对数形式展现了很强的长记忆性特征。另外，Jarque-Bera 统计检验值也进一步证明了各时间序列具有很强的非正态性。ADF（Cheung and Lai，1995）、PP（Phillips and Perron，1988）及 KPSS（Kwiatkowski et al.，1992）检验表明各序列是平稳的，可以进行建模和分析。

表 2-2　已实现波动率、多分形波动率等序列的统计学描述

	平均值	标准差	偏度	额外峰度	J-B 统计量	ADF 检验	PP 检验	KPSS 检验	$Q(5)$
RV	2.649	4.964	6.063^{***}	57.876^{***}	$460\,991^{***}$	-6.610^{***}	-61.434^{***}	0.525 2	774.0^{***}
lnRV	0.165	1.23	0.250^{***}	−0.097	34.240^{***}	−5.431 7	-65.651^{***}	0.709 1	$2\,499.3^{***}$
BPV	2.646	4.989	6.317^{***}	63.366^{***}	$550\,393^{***}$	-6.512^{***}	-61.767^{***}	0.529 7	768.0^{***}
lnBPV	0.169	1.228	0.238^{***}	−0.078	30.579^{***}	-5.403^{***}	-65.731^{***}	0.717 4	$2\,526.4^{***}$
RVW	2.655	3.135	3.245^{***}	14.608^{***}	$33\,686^{***}$	-5.618^{***}	-13.604^{***}	0.535	$8\,076.7^{***}$
lnRVW	0.517	0.941	0.189	-0.151^{**}	21.917^{***}	-5.857^{***}	-12.455^{***}	0.739 4	9 291.1
RVM	2.658	2.377	1.930^{***}	3.568^{***}	$3\,644.2^{***}$	-3.524^{***}	-5.313^{***}	0.548 9	$1\,4680.4^{***}$
lnRVM	0.659	0.789	0.172^{***}	-0.274^{***}	25.666^{***}	-3.906^{***}	-5.099^{***}	0.688 9	$1\,4724.8^{***}$
MVF	2.645	3.967	4.098^{***}	26.402^{***}	$100\,750^{***}$	-6.285^{***}	-63.138^{***}	0.524 7	$1\,156.3^{***}$
lnMVF	0.275	1.176	0.152^{***}	-0.310^{***}	24.629^{***}	-5.355^{***}	-65.287^{***}	0.706 2	$2\,647.0^{***}$
MV	2.646	3.969	4.098^{***}	26.402^{***}	$100\,750^{***}$	-6.285^{***}	-63.138^{***}	0.524 7	$1\,156.3^{***}$
lnMV	0.275	1.197	0.152^{***}	−0.314	25.185^{***}	-5.428^{***}	-65.287^{***}	0.706 2	$2\,647.0^{***}$

注：额外峰度为峰度减去 3 后的值。J-B 为 Jarque-Bera 统计量，假定序列服从正态分布。Q（n）为滞后阶数为 n 的 Ljung-Box Q 统计量，假定序列不存在自相关性，文中 n 取值为 5。ADF 为 Augmented-Dickey-Fuller 单位根检验，假定序列存在单位根，PP 为 Phillips-Pearson 单位根检验，KPSS 为 Kwiatkowski-Phillips-Schmidt-Shin 检验。***（**）表示在 1（5）%的水平上显著。

2.4.2 多重除趋势分析

另外，由于本章涉及了多分形波动率，因此，使用多重除趋势分析（multi-fractal detrended fluctuation analysis，MF-DFA）来分析中国股票市场收益率的分形特征。另外，关于 MF-DFA 方法的具体计算步骤和相应的解释，请参阅 West（1996）和 Kantelhardt 等（2002）的相关研究。简单来说，如果标度指数 $H(q)$对于 q 是常数，即无论 q 怎么变化，$H(q)$的值都是不变的，则表明为单一分形特征。反之，则序列具有多重分形特征。本章可以得到中国股票市场具有显著的多重分形特征，另外也进一步证实了 Cao 等（2012）的结论，即中国股票市场具有较强的多重分形特征。

2.5 样本外滚动时间窗技术及波动率模型评价比较方法介绍

2.5.1 波动率滚动预测说明

在本章的实证研究中，对上面讨论的 17 种模型进行了滚动时间窗的样本外预测能力检验。而具体的预测方法，魏宇和余怒涛（2007）、魏宇等（2015）有较为清楚的介绍。然而，由于该方法是本书所涉及的重点方法，本章也给出了具体的操作步骤。

（1）将数据样本总体（$t=1,2,\cdots,N$，其中 $N=3164$）划分为估计样本（2000 年 1 月 1 日至 2011 年 9 月 20 日）和预测样本（2011 年 9 月 21 日至 2013 年 3 月 31 日）两部分。其中，估计样本包含 $H=2800$ 个交易日的数据，而预测样本包含最后 364 个交易日的数据（即 $t=H+1,H+2,\cdots,H+M$，其中 $M=364$）①。

（2）选取 $t=1,2,\cdots,H$ 的数据作为第一次的估计样本，分别对上述各种波动率模型的参数进行估计，然后在此估计基础上，运用递推法获得未来 1 天的波动率预测，记为 $\hat{h}_{H+1}^2$。也就是说，$\hat{h}_{H+1}^2$ 是在前面 2800 个样本数据的模型估计基础上对第 2801 天的市场波动率预测。

（3）保持估计样本的时间区间长度不变（$H=2800$），将估计时间区间向后平行移动 1 天，即第二次选取的是 $t=2,3,\cdots,H+1$ 的数据作为新的估计样本，然后重新估计上述各类波动率模型的参数，并在此新的估计模型基础上获得未来 1 天的市场波动率预测值，记为 $\hat{h}_{H+2}^2$。

① 选择不同的样本外预测长度（如 264，464）的实证结果与样本外长度为 364 基本是一致的。

（4）不断重复步骤（3），可以得到 $\hat{h}_{H+3}^2, \hat{h}_{H+4}^2, \cdots\cdots$ 直到最后一次的估计样本区间为 $t = M, M+1, \cdots, H+M-1$，以获得对最后一天，即第 $t = N = H + M$ 天的市场波动率预测值 $\hat{h}_{H+M}^2$。

简言之，对前面所讨论的每一种波动率模型，都分别重复进行了 364 次的模型参数估计（共计 17×364 = 6188 次不同的估计），从而每个模型都获得了 364 个未来 1 天的样本外市场波动率估计，记为 $\hat{h}_m^2$，$m = H+1, H+2, \cdots, H+M$。同时，记预测样本区间的已实现波动率估计为 RV_m，$m = H+1, H+2, \cdots, H+M$。$\mathrm{RV}_m$ 即已实现波动率，用以作为真实市场波动率的替代变量（Corsi，2009；马锋等，2015）。值得特别说明的是，本章后续章节所有涉及"滚动时间窗预测技术"均按此步骤进行相应的处理，唯一不同的是样本内和样本外的数据长度有所差异。

2.5.2　模型信度集检验

对本章所探讨的 17 种波动率模型均按照上述介绍的样本外滚动预测步骤操作，则可以获取各波动率模型在样本外区间的预测值 $\hat{h}_m^2$。以 RV 作为各波动率评价的基准波动率，则可以测度出各波动率模型的预测值与真实波动率的误差（也可以理解为距离）。然而需要说明的是，到目前为止，学术界还不清楚用哪一种损失函数作为衡量预测偏差的标准最为合理（Hansen and Lunde，2005a；魏宇，2009，2010）。在选择损失函数标准时，我们选择了较为流行的两种损失函数：均方误差（mean square error，MSE）和高斯准极大似然损失函数误差（Gaussian quasi maximum likelihood loss function error，QLIKE）。当然，也有学者采取类似的做法，如 Patton（2011）、Corsi 等（2010），它们的具体定义如下：

$$L_1{:}\mathrm{MSE} = M^{-1}\sum_{m=H+1}^{M}(\mathrm{RV}_m - \hat{h}_m^2)^2 \qquad (2\text{-}22)$$

$$L_2{:}\mathrm{QLIKE} = M^{-1}\sum_{m=H+1}^{H+M}(\ln(\hat{h}_m^2) + \mathrm{RV}_m/\hat{h}_m^2) \qquad (2\text{-}23)$$

其中，$\hat{h}_m^2$ 为各预测模型在样本外的预测值。需要指出的是，如果在一次实证研究中发现：采用某种 L_i 作为判断标准，得到模型甲比模型乙的预测损失值小，那么只能判断：在这样一个特定的数据样本中，采用这一特定的损失函数 L_i 时，模型甲比模型乙的预测精确度高。很明显，这一判断是不稳健的，且无法推广到其他类似的数据样本或者其他的损失函数判断标准。例如，数据样本中的少数奇异点往往会严重影响损失函数的计算结果，从而引起损失函数值的异常增加，进而可能导致对波动率模型优劣的错误判断（Hansen and Lunde，2005a；魏宇，2009，2010）。

为了解决这一问题，Hansen 和 Lunde（2005b）提出了 SPA 检验法。为此，SPA 检验法在波动率评价时受到了国内外学者的广泛应用（Hansen and Lunde，2005b；侯利强等，2015）。SPA 检验法需要选择基准模型，会导致产生与对照组的多重比较问题。为了克服这一缺陷，Hansen 等（2011）最近又提出了 MCS 检验法。与 SPA 检验法相比，MCS 检验法具有很多明显的优势，由于 SPA 检验的零假设是复合假设，会影响 SPA 检验统计量的渐进分布，从而会产生“厌恶参数”的问题，进而难以控制第一类错误（或称拒真）概率。而 MCS 检验则不用进行此类复合假设检验，从而可以大大减少第一类错误发生的概率。鉴于上述优势，国内外学者（Martens et al.，2009；马锋等，2015）给出了 MCS 的具体实现步骤，但由于 MCS 检验法是本书评价波动率模型的重用手段，本章有必要再着重表述 MCS 检验法的实现过程。

假定有 m_0 个波动率模型，而将这些模型看成单一的元素统一放在集合 M_0 中，则标记集合 $M_0=\{1, 2, \cdots, m_0\}$。而 m_0 的每个波动率模型利用前面介绍的“样本外滚动时间窗”预测技术可以得到 M 个样本外波动率预测值 $\hat{h}_m^2$ 。以本章的 HAR-RV 模型为例，滚动估计可得 364 个样本外预测值，则可以根据损失函数 MSE 和 QLIKE 得到两组不同的损失函数值，而本章其他剩余 16 组波动率模型也可以得到类似的损失函数值。因此，对于 M_0（本章等于 17）中任意两个波动率预测模型 u, v（$u, v \in M_0$），都可以计算出相对应的波动率预测值的相对损失函数值（马锋等，2015；魏宇等，2015），记为 $d_{i,uv,m}$，其定义如下：

$$d_{i,uv,m}=L_{i,u,m}-L_{i,v,m} \tag{2-24}$$

MCS 检验的过程是从波动率模型集合 M_0 序贯地剔除集合中预测能力较差的模型。因此，在每一次检验中，零假设都是任意两个波动率模型具有相同的预测能力，即

$$H_{0,M}:E(d_{i,uv,m})=0,\ u,v\in M\subset M_0 \tag{2-25}$$

在模型信度集检验的第一步取 $M=M_0$。如果在给定的显著性水平 α 下拒绝原假设式（2-25），则预测效果较差的波动率模型将会在集合中予以剔除，而这一过程一直持续到不再有波动率模型从集合中剔除，即不论是任意给定的两种波动率模型都接受零假设：任意两个波动率模型具有相同的预测能力。对于幸存的波动率模型，定义为 $\hat{M}_{1-\alpha}^*$ ，也就是说，该集合含有一种或者多种预测效果较优的波动率模型。然而，上述的序贯剔除检验仍存在不足，即每次在进行零假设检验时，需要计算一次检验统计量。为解决这一问题，本章按照 Hansen 等（2011）的建议，采用范围统计量和半二次方统计量①，其定义分别为

① 除以上两种方法外，还有最大偏差、偏差、最大 t 值统计量等，具体内容可以参考 Hansen 等（2011）的相关研究。

$$T_R=\max_{u,v\in M}\frac{|\bar{d}_{i,uv}|}{\sqrt{\operatorname{var}(d_{i,uv})}},\quad T_{SQ}=\max_{u,v\in M}\frac{(\bar{d}_{i,uv})^2}{\operatorname{var}(\bar{d}_{i,uv})},\quad \bar{d}_{i,uv}=\frac{1}{M}\sum_{m=H+1}^{H+M}d_{i,uv,m}\qquad(2\text{-}26)$$

其中，$\bar{d}_{i,uv}$ 为模型 u 和 v 波动率预测值的相对损失函数值的平均值。如果计算出来的统计值大于给定显著水平 α 的临界值，则表明拒绝原假设，即模型应不包含幸存的波动率模型集 $\hat{M}_{1-\alpha}^*$（马锋等，2015；魏宇等，2015）。由于范围统计量和半二次方统计量的真实分布非常复杂，为了获得它们的检验统计值及对应的 p 值，Hansen 等（2011）采用 Bootstrap（自举法）来获取，这一点类似于 SPA 检验法。

2.6 实证分析

2.6.1 样本外估计结果

众所周知，样本内的表现具有时变性。与样本内表现比较来看，波动率模型在样本外的预测精度更能引起投资者的关注和兴趣，因为他们更关注波动率模型在未来的表现（Wang et al.，2016）。2.5.1 节已经选择了 364 天作为样本外预测评价方法。首先以 HAR-RV 模型为例，它共滚动 364 次，每次估计可以得到不同的参数，因此，其参数并非固定不变的，而是可变的。从某种程度上来说，滚动时间窗预测技术，规避了数据样本所造成的偏差，也有助于降低市场噪声所带来的奇异点。

2.6.2 各波动率模型的 MCS 评价检验

按照 Hansen 等（2011）的建议，本章选取了 $d=2$（Block length）和模拟次数 $B=10\,000$ 次 Bootstrap 模拟得到 MCS 检验中的各统计量及 p 值。参照 Martens 等（2009）、Hansen 等（2011）和 Laurent 等（2012）的做法，本书选择了 MCS 检验的显著性水平，设定为 0.25。如果 MCS 检验所得的 p 值小于给定的显著水平 0.25，则与之对应的波动率模型意味着其预测效果较差，在检验过程中剔除于幸存模型集。反之，则得以幸存于模型集 $\hat{M}_{1-\alpha}^*$，即表明具有较好的预测能力。

表 2-3 给出了 10 000 次 Bootstrap 模拟得到的 MCS 检验结果。从表 2-3 的实证结果可以发现，仅有 HAR-RV 模型通过了 MCS 检验，意味着相比 ARFIMA-RV、ARFIMA-BPV、多分形波动率模型及 GARCH 族模型，HAR-RV 模型具有更高的预测精度。因此，表 2-3 的实证结果充分表明，HAR-RV 模型不仅具有估计简便、更好解释等优点，还能较好地刻画和预测中国股票市场的波动率状态。

表 2-3　HAR-RV、ARFIMA-RV 及 GARCH 族模型的 MCS 检验结果（Bootstrap）

损失函数	MSE		QLIKE	
	T_R	T_{SQ}	T_R	T_{SQ}
HAR-RV	**<u>1.0000</u>**	**<u>1.0000</u>**	**<u>1.0000</u>**	**<u>1.0000</u>**
ARFIMA-RV	0.0001	0.0002	0.0000	0.0028
ARFIMA-BPV	0.0038	0.0006	0.0037	0.0180
ARFIMA-MFV	0.0038	0.0004	0.0037	0.0012
ARFIMA-MV	0.0001	0.0004	0.0001	0.0009
ARMA-RV	0.0001	0.0001	0.0000	0.0014
ARMA-RBV	0.0001	0.0001	0.0000	0.0086
ARMA-MFV	0.0001	0.0008	0.0037	0.0045
ARMA-MV	0.0038	0.0040	0.0000	0.0017
GARCH	0.0076	0.0437	0.0152	0.0530
EGARCH	0.0078	0.0437	0.0152	0.0530
GJR-GARCH	0.0038	0.0437	0.0037	0.0180
APARCH	0.0078	0.0437	0.0037	0.0180
IGARCH	0.0038	0.0437	0.0152	0.0530
FIGARCH	0.0078	0.0437	0.0152	0.0530
FIEGARCH	0.0078	0.0437	0.0152	0.0530
HYGARCH	0.0078	0.0437	0.0152	0.0530

注：字体加粗加下划线对应的模型通过了 MCS 检验，即幸存于最优模型集中，换句话说，p 值大于 0.25 与之对应的模型具有较好的预测能力，且 p 值越大，该模型的预测精度越高。上述各高频波动率模型中均取了对数。

2.6.3　各波动率模型预测效果的稳健性分析

近年来，基于金融高频数据的波动率研究成为金融研究领域的热点，因此已实现波动率也获得了不断的改进和发展（魏宇等，2015）。Barndorff-Nielsen 和 Shephard（2004，2006）提出的 BPV 广泛应用于高频数据的波动率建模中（具体计算方法可见式（2-2））。该方法不但具备已实现波动率的各种优点，而且具有更好的稳健性。李胜歌和张世英（2007）将 BPV 方法应用于中国股票市场的实证研究，并进一步探讨其在我国市场中的有效性。另外，魏宇等（2015）也利用 BPV 作为真实市场波动率的替代变量作稳健性分析。为此，本章也选择了 BPV 为基准波动率（即真实波动率的代理变量），再一次对上述 17 种模型进行了 MCS 检验，实证结果与以已实现波动率作为真实波动率的替代变量基本一致（表 2-4）。另外，对比表 2-3 和表 2-4 不难发现，以 BPV 作为基准波动率时，HAR-RV 模型相比本章讨论的其他波动率模型具有更好的预测表现。总而言之，不论以 RV 还是 BPV

作为真实波动率的替代变量，HAR-RV 模型对中国股票市场的波动率预测能力都具有非常明显的优势。

表 2-4　HAR-RV、ARFIMA-RV 及 GARCH 族模型的 MCS 检验结果

损失函数	MSE		QLIKE	
	T_R	T_{SQ}	T_R	T_{SQ}
HAR-RV	**<u>1.0000</u>**	**<u>1.0000</u>**	**<u>1.0000</u>**	**<u>1.0000</u>**
ARFIMA-RV	0.0000	0.0001	0.0144	0.0046
ARFIMA-BPV	0.0078	0.0007	0.0160	0.0183
ARFIMA-MFV	0.0000	0.0002	0.0000	0.0011
ARFIMA-MV	0.0000	0.0001	0.0000	0.0006
ARMA-RV	0.0000	0.0001	0.0144	0.0032
ARMA-RBV	0.0000	0.0001	0.0160	0.0080
ARMA-MFV	0.0000	0.0002	0.0144	0.0020
ARMA-MV	0.0078	0.0022	0.0000	0.0014
GARCH	0.0119	0.0406	0.0398	0.0585
EGARCH	0.0119	0.0406	0.0398	0.0585
GJR-GARCH	0.0119	0.0406	0.0160	0.0183
APARCH	0.0119	0.0406	0.0160	0.0183
IGARCH	0.0119	0.0406	0.0398	0.0585
FIGARCH	0.0120	0.0406	0.0398	0.0585
FIEGARCH	0.0120	0.0406	0.0398	0.0585
HYGARCH	0.0120	0.0406	0.0398	0.0585

注：字体加粗加下划线对应的模型通过了 MCS 检验，即幸存于最优模型集中，换句话说，p 值大于 0.25 与之对应的模型具有较好的预测能力，且 p 值越大，该模型的预测精度越高。上述各高频波动率模型中均取了对数。

第 3 章　已实现波动率模型预测研究：基于跳跃和正负半变差的视角

3.1　概　　述

第 2 章已从理论和实证的角度论证了 HAR-RV 模型对中国股票市场波动率的预测优势。而本章将从跳跃和正负半变差等角度分析它们对 HAR-RV 模型估计和预测能力的影响。

随着金融市场高频数据广泛应用于波动率测度及建模等研究，Lee 和 Mykland（2008）以及 Corsi 等（2010）发现跳跃对波动率模型的估计和预测方面存在显著影响。Barndorff-Nielsen 和 Shephard（2004）在二次变差理论的框架体系内经过严谨的数学推导发现可用 BPV 来替代积分波动率，因此，式（1-2）中的跳跃成分可用由 RV 减去 BPV 得到（具体计算公式可以参见式（3-2））。本书的主要跳跃检验是基于日间的。为此，本章也仅涉及两种比较流行的日间跳跃识别检验：Z（Huang and Tauchen，2005）和 C_TZ（Corsi et al.，2010）。但遗憾的是，Corsi 等（2010）指出跳跃成分是否有助于提高波动率预测精度，学术界似乎并没有达成共识。例如，Andersen 等（2007）将跳跃成分（式（3-2））和利用 Z 跳跃识别检验（Huang and Tauchen，2005）所得显著性跳跃部分分别作为解释变量引入简单的 HAR-RV 模型中，利用外汇现货市场、标普 500 期货市场及利率期货市场的真实交易数据，发现跳跃对未来波动率的预测具有负向影响或无影响，而王春峰等（2008）也得出了类似的结论。Shalen（1993）和 Buraschi 等（2007）的理论研究却发现跳跃对未来波动率存在显著的正向影响，因为金融资产收益的偶然跳跃能增加金融资产内在价值的不确定性，从而导致未来波动率的进一步增加。Corsi 等（2010）提出改进的跳跃检验，利用已修正的门限多次幂变差提出了 C_TZ 统计量构建 HAR-RV-TJ 模型，通过利用蒙特卡罗模拟数据和真实的交易数据发现，当不发生跳跃时，Z 和 C_TZ 统计量具有相同的跳跃检测能力，而当出现连续跳跃时，Z 统计量不能识别跳跃成分，使得一部分跳跃成分包含在波动率的连续成分中，从而低估了已实现波动率的跳跃成分对未来波动率的影响。

鉴于上述分析，本章利用 Z（Huang and Tauchen，2005）和 C_TZ（Corsi et al.，2010）跳跃识别检验利用中国股票市场的交易数据来分析评价显著性跳跃成分对已实现波动率预测能力方面的影响，借此希望回答这样的问题：对于新兴的资本市场而言，跳跃对波动率的预测能力是否存在影响？

另外，本章的另一个主要拓展是：基于新提出的符号跳跃变差及其分解作为解释变量引入上述四种高频波动率模型，并以此作为一种思路对 HAR-RV 族模型进行拓展。构建新的波动率，并以此研究其对波动率模型预测能力的影响。最近，Barndorff-Nielsen 等（2010）提出的已实现正负半变差就是按照日内收益率的正负性将 RV 分解为两部分，正半差就是日内正向收益率的平方和，而负半差就是日内负向收益率的平方和。随后，已实现正负变差受到了学者的广泛研究（Chen and Ghysels，2010；马锋等，2015）。已有不少经济学家测度下行风险和价格下降的分析时，正是用的负向收益率的信息，这方面研究的先驱是 Barndorff-Nielsen 等（2010）。Roy（1952）指出经济学家已经认识了投资者对下行损失和上行收益是不对称的。另外，Markowitz（1959）提出用半方差来测度风险，而不是方差，因为半方差测度的是下行风险而不是上行收益。基于这样的思想，Patton 和 Sheppard（2015）、Chen 和 Ghysels（2010）等发现负向收益率构造的半变差可以导致未来风险的进一步扩大，且远大于正向的。进一步，Patton 和 Sheppard（2015）实证发现符号跳跃变差对未来波动率存在显著负向影响，降低了未来市场的波动，且有助于改善波动率模型的拟合优度和预测精度。然而，就目前利用国内的知名期刊数据库中国知网（CNKI）以及国外的几大期刊国际数据库 ScienceDirect、Springer、Taylor & Francis、Wiley-Blackwell 检索来看，似乎鲜有文献将符号跳跃变差拓展到含跳跃的已实现波动率模型中（HAR-RV-CJ（Andersen et al.，2007）、HAR-RV-TJ（Corsi et al.，2010））。因此，这一现状成为本书回答的又一关键问题，即符号跳跃变差拓展到含跳跃成分的 HAR-RV 族模型中，是否有助于改善波动率模型的预测精度？

3.2　跳 跃 检 验

本节重点介绍以下两种日间跳跃检验：Z 检验（Huang and Tauchen，2005）和 C_TZ 检验（Corsi et al.，2010）。而比较流行的日内跳跃检验是 LM 检验，借此从不同的角度探讨不同的跳跃检验对波动率的影响。LM 检验是由 Lee 和 Mykland（2008）提出的，主要思想是计算出价格生成过程不存在跳跃时价格短时间内的理论最大变化幅度，并将实际价格变化与之比较，如果实际价格变化超出理论最大变化幅度，则拒绝原假设，认为该时点处的资产价格存在跳跃（沈根祥，2012）。该检验受到了国内学者的广泛应用和研究（唐勇，2012；吴恒煜等，2015）。而相关研究是后续的主要研究方向之一。

3.2.1 Z 跳跃检验

根据式（2-1）和式（2-2），则有

$$\mathrm{RV}_t - \mathrm{BPV}_t \to \sum_{0<s\leqslant t} \kappa^2(s) \tag{3-1}$$

由跳跃的自身方程形式可得

$$J_t = \max(\mathrm{RV}_t - \mathrm{BPV}_t, 0) \tag{3-2}$$

Z 跳跃检验表示 Huang 和 Tauchen（2005）显著性跳跃检验的统计值，定义为

$$Z_t = \delta^{-\frac{1}{2}} \frac{(\mathrm{RV}_t - \mathrm{BPV}_t) * \mathrm{RV}_t^{-1}}{\sqrt{\left(\frac{\pi^2}{4} + \pi - 5\right)\max\left\{1, \frac{\mathrm{TQ}_t}{(\mathrm{BPV}_t)^2}\right\}}} \tag{3-3}$$

其中，TQ_t 为已实现三次幂次，定义为

$$\mathrm{TQ}_t = \Delta^{-1} u_{4/3}^{-3} \sum_{j=2}^{1/\Delta} | r_{(t-1)+j*\Delta} || r_{(t-1)+(j-1)*\Delta} || r_{(t-1)+(j-2)*\Delta} | \to \int_0^t \sigma^4(s)\mathrm{d}s \tag{3-4}$$

式（3-2）的显著性跳跃成分定义如下：

$$\mathrm{CJ}_t \equiv I(Z_t > \Phi_\alpha) \cdot [\mathrm{RV}_t - \mathrm{BPV}_t] \tag{3-5}$$

式（3-5）的 Φ_α 为标准正态分布在显著水平 α 的临界值。$I(\cdot)$为指示函数，即当满足条件时，$I(\cdot)$取值为 1，否则取值为 0。简单来说，给定显著性水平得到的正态分布值，如果该值小于计算得到的 Z 统计量，即表明该天发生的跳跃是显著的，而不是因为数值计算产生的假性跳跃。

3.2.2 C_TZ 跳跃检验

3.1 节已说明 C_TZ（Corsi et al.，2010）跳跃识别检验比 Z 跳跃检验更具优势，为此，本节主要介绍该检验及计算过程。Corsi 等（2010）基于修正的已实现门限多次幂次 C_TMPV 构建一个修正的 Z 统计量，C_TZ。其中，C_TMPV 定义为

$$\mathrm{C\_TMPV}_t^{[\gamma_1,\gamma_2,\cdots,\gamma_M]} = \Delta^{1-\frac{1}{2}(\gamma_1,\gamma_2,\cdots,\gamma_M)} \sum_{j=M}^{1/\Delta} \prod_{k=1}^{M} z_{\gamma_k}(r_{j-k+1}, \vartheta_{j-k+1}) \tag{3-6}$$

其中，$\gamma_1,\gamma_2,\cdots,\gamma_M$ 为任意正数，ϑ_t 为随机的门阀函数，$\vartheta_t = c_\vartheta^2 \cdot \hat{V}_t$。按照 Corsi 等（2010）、杨科和陈浪南（2011）、杨科和田凤平（2013）的建议取值为 3，$\hat{V}_t$ 为连续时间波动率 σ_t 的辅助估计量。z_{γ_k} 的具体函数形式如下：

$$Z_\gamma(x,y)=\begin{cases}|x|^\gamma & , \quad x^2\leqslant y \\ \dfrac{1}{2N(-c_\vartheta)\sqrt{\pi}}\left(\dfrac{2}{c_\vartheta^2}y\right)^{\frac{\gamma}{2}}\Gamma\left(\dfrac{\gamma+1}{2},\dfrac{c_\vartheta^2}{2}\right), & x^2>y\end{cases} \tag{3-7}$$

其中，$\gamma=1,4/3,2$，$x^2>y$，$Z_1(x,y)\simeq 1.094\cdot y^{\frac{1}{2}}$，$Z_{4/3}(x,y)\simeq 1.129\cdot y^{\frac{2}{3}}$，$Z_2(x,y)\simeq 1.207\cdot y$。基于修正的已实现门限多次幂 $\mathrm{C\_TZ}_t$ 的统计量为

$$\mathrm{C\_TZ}_t=\Delta^{-\frac{1}{2}}\frac{(\mathrm{RV}_t-\mathrm{C\_TBRV}_t)\cdot\mathrm{RV}_t^{-1}}{\sqrt{\left(\dfrac{\pi^2}{4}+\pi-5\right)\max\left\{1,\dfrac{\mathrm{C\_TTriPV}_t}{(\mathrm{C\_TTriPV})^2}\right\}}} \tag{3-8}$$

其中，由式（3-8）的定义有，修正的已实现门限二次幂变差 $\mathrm{C\_TBRV}_t=u_1^{-2}\mathrm{C\_TMPV}_t^{[1,1]}$，修正的已实现门限三次幂变差 $\mathrm{C\_TTriPV}_t=u_1^{-3}\mathrm{C\_TMPV}_t^{[4/3,4/3,4/3]}$。Corsi 等（2010）还证明了当抽样间隔 $\Delta\to 0$，$\mathrm{C\_TZ}_t$ 统计量渐进服从标准正态分布。根据 C_TZ 显著性跳跃识别检验，重新定义显著性跳跃成分（TJ_t）为

$$\mathrm{TJ}_t\equiv I(\mathrm{C\_TZ}_t>\Phi_\alpha)\cdot[\mathrm{RV}_t-\mathrm{C\_TBPV}_t] \tag{3-9}$$

3.3　含跳跃成分的已实现波动率模型介绍

3.3.1　HAR-RV-J 和 HAR-RV-CJ 模型

Andersen 等（2007）将由式（3-2）所得跳跃成分作为解释变量加入 HAR-RV 模型，提出了 HAR-RV-J 模型（2.2.3 节和式（3-1）），其具体形式为

$$\mathrm{RV}_{t+1}=c+\beta_d\mathrm{RV}_t+\beta_w\mathrm{RVW}_t+\beta_m\mathrm{RVM}_t+\beta_j J_t+\omega_{t+1} \tag{3-10}$$

其中，c 为常数项。从式（3-10）不难发现，Andersen 等（2007）其实就是将由式（3-1）得到的跳跃成分作为解释变量加入 HAR-RV 模型中，形成了新的模型 HAR-RV-J。进一步，Andersen 等（2007）在 Huang 和 Tauchen（2005）提出的 Z 跳跃识别检验基础上，构建了 HAR-RV-CJ 模型：

$$\mathrm{RV}_{t+1}=c+\beta_d C_t+\beta_w C_{t-4,t}+\beta_m C_{t-19,t}+\beta_{jd}\mathrm{CJ}_t+\beta_{jw}\mathrm{CJ}_{t-4,t}+\beta_{jm}\mathrm{CJ}_{t-19,t}+\omega_{t+1} \tag{3-11}$$

其中，CJ_t 为由式（3-5）计算得到，C_t 为在不同显著水平 α 下的连续成分（连续样本路径方差），定义为

$$C_t=I(Z_t\leqslant\Phi_\alpha)\cdot\mathrm{RV}_t+I(Z_t>\Phi_\alpha)\cdot\mathrm{BPV}_t \tag{3-12}$$

由式（3-12）可发现，C_t 为剔除了跳跃成分（不连续的成分），$C_{t-4,t}$ 和 $C_{t-19,t}$ 分别为累积周和月平均已实现波动率，计算公式如下：

$$C_{t-4,t}=\frac{1}{5}(C_t+C_{t-1}+C_{t-2}+C_{t-3}+C_{t-4}) \tag{3-13}$$

$$C_{t-19,t}=\frac{1}{20}(C_t+C_{t-1}+\cdots+C_{t-17}+C_{t-18}+C_{t-19}) \tag{3-14}$$

3.3.2 HAR-RV-TJ 模型

类似于 Andersen 等（2007）构建 HAR-RV-CJ 的思想，Corsi 等（2010）提出了改进后的跳跃识别检验 C_TZ，也构建了含跳跃的 HAR-RV 模型，标记为 HAR-RV-TJ，其具体形式如下：

$$\mathrm{RV}_{t+1}=c+\beta_d\mathrm{TC}_t+\beta_w\mathrm{TC}_{t-4,t}+\beta_m\mathrm{TC}_{t-19,t}+\beta_j\mathrm{TJ}_t+\omega_{t+1} \tag{3-15}$$

其中，TJ_t 由式（3-15）计算得到，TC_t 为在不同显著水平 α 下的连续成分，定义为

$$\mathrm{TC}_t=I(\mathrm{C\_TZ}_t\leqslant\varPhi_\alpha)\cdot\mathrm{RV}_t+I(\mathrm{C\_TZ}_t>\varPhi_\alpha)\cdot\mathrm{C\_TBPV}_t \tag{3-16}$$

由式（3-16）可发现，TC_t 为剔除了跳跃成分（不连续的成分），其中，$\mathrm{C\_TBPV}_t$ 的计算公式如下：

$$\mathrm{C\_TBPV}_\delta(X)_t=u_1^{-2}\mathrm{C\_TBPV}_\delta(X)_t^{[1,1]}=u_1^{-2}\sum_{i=2}^{T/\delta}Z_1(\Delta X_j,\vartheta_j)Z_1(\Delta X_{j-1},\vartheta_{j-1}) \tag{3-17}$$

而 $\mathrm{TC}_{t-4,t}$ 和 $\mathrm{TC}_{t-19,t}$ 为累积周和月平均已实现波动率，计算公式如下：

$$\mathrm{TC}_{t-4,t}=\frac{1}{5}(\mathrm{TC}_t+\mathrm{TC}_{t-1}+\mathrm{TC}_{t-2}+\mathrm{TC}_{t-3}+\mathrm{TC}_{t-4}) \tag{3-18}$$

$$\mathrm{TC}_{t-19,t}=\frac{1}{20}(\mathrm{TC}_t+\mathrm{TC}_{t-1}+\cdots+\mathrm{TC}_{t-17}+\mathrm{TC}_{t-18}+\mathrm{TC}_{t-19}) \tag{3-19}$$

鉴于上述分析，本章有三种含跳跃的 HAR-RV 模型：HAR-RV-J，HAR-RV-CJ 和 HAR-RV-TJ。后续将探讨跳跃对已实现波动率模型预测能力的影响。

3.4 符号跳跃变差及其波动率模型

3.4.1 符号跳跃变差

Barndorff-Nielsen 等（2010）利用日内收益率的正负性，提出了已实现变差这一新的概念。然后，依据正向日内收益率的平方和定义为已实现正半变差（RS^+），反之定义为已实现负半变差（RS^-），其具体的计算公式如下所示：

$$\mathrm{RS}_t^-=\sum_{j=1}^{1/\varDelta}r_{(t-1)+j*\varDelta,\varDelta}^2 I_{[r_{(t-1)+j*\varDelta}<0]} \tag{3-20}$$

$$\mathrm{RS}_t^+=\sum_{j=1}^{1/\varDelta}r_{(t-1)+j*\varDelta,\varDelta}^2 I_{[r_{(t-1)+j*\varDelta}>0]} \tag{3-21}$$

其中，$I(\cdot)$为指示函数，即当满足条件时，$I(\cdot)$取值为 1，否则取值为 0。RS^-可定义为所有可获得的日内负向收益率的平方和，而 RS^+可定义为所有可获得的日内正向收益率的平方和。进一步，Barndorff-Nielsen 等（2010）证明了当抽样间隔 $\Delta \to 0$ 时，满足：

$$\mathrm{RS}_t^- \to \frac{1}{2}\int_0^t \sigma^2(s)\mathrm{d}s + \sum_{0<s\leqslant t} \kappa^2(s) I_{[\kappa_s < 0]} \tag{3-22}$$

$$\mathrm{RS}_t^+ \to \frac{1}{2}\int_0^t \sigma^2(s)\mathrm{d}s + \sum_{0<s\leqslant t} \kappa^2(s) I_{[\kappa_s > 0]} \tag{3-23}$$

Patton 和 Sheppard（2015）基于已实现正负变差，构建了新的变量——符号跳跃变差（sign jump variance，SJV），定义为

$$\mathrm{SJV}_t \equiv \mathrm{RS}_t^+ - \mathrm{RS}_t^- \to \sum_{0<s\leqslant t} \kappa^2(s) I_{[\kappa_s > 0]} - \sum_{0<s\leqslant t} \kappa^2(s) I_{[\kappa_s < 0]} \tag{3-24}$$

进一步，Patton 和 Sheppard（2015）根据符号跳跃变差的正负性进一步分解了符号跳跃变差，具体计算公式为

$$\mathrm{SJV}_t^- = (\mathrm{RS}_t^+ - \mathrm{RS}_t^-) I_{[(\mathrm{RS}_t^+ - \mathrm{RS}_t^-)<0]} \tag{3-25}$$

$$\mathrm{SJV}_t^+ = (\mathrm{RS}_t^+ - \mathrm{RS}_t^-) I_{[(\mathrm{RS}_t^+ - \mathrm{RS}_t^-)>0]} \tag{3-26}$$

鉴于此，本章将以这些新的变量作为新的研究视角来探讨它们对已实现波动率模型预测能力的影响。

3.4.2　基于符号跳跃变差构建的新的波动率模型

在上述分析中，本章已经介绍了四种 HAR-type 模型（HAR-RV，HAR-RV-J，HAR-RV-CJ 和 HAR-RV-TJ），为此将符号跳跃变差引入四种模型中，构建新的波动率模型，具体形式如下。

HAR-RV-SJV：

$$\mathrm{RV}_{t+1} = c + \beta_d \mathrm{RV}_t + \beta_w \mathrm{RVW}_t + \beta_m \mathrm{RVM}_t + \beta_{\mathrm{sjv}} \mathrm{SJV}_t + \omega_{t+1} \tag{3-27}$$

HAR-RV-J-SJV：

$$\mathrm{RV}_{t+1} = c + \beta_d \mathrm{RV}_t + \beta_w \mathrm{RVW}_t + \beta_m \mathrm{RVM}_t + \beta_j J_t + \beta_{\mathrm{sjv}} \mathrm{SJV} + \omega_{t+1} \tag{3-28}$$

HAR-RV-CJ-SJV：

$$\mathrm{RV}_{t+1} = c + \beta_d C_t + \beta_w C_{t\text{-}4,t} + \beta_m C_{t-19,t} + \beta_{jd} \mathrm{CJ}_t + \beta_{jw} \mathrm{CJ}_{t-4,t} + \beta_{jm} \mathrm{CJ}_{t-19,t} + \beta_{\mathrm{sjv}} \mathrm{SJV} + \omega_{t+1} \tag{3-29}$$

HAR-RV-TJ-SJV：

$$\mathrm{RV}_{t+1} = c + \beta_d \mathrm{TC}_t + \beta_w \mathrm{TC}_{t\text{-}4,t} + \beta_m \mathrm{TC}_{t-19,t} + \beta_j \mathrm{TJ}_t + \beta_{\mathrm{sjv}} \mathrm{SJV} + \omega_{t+1} \tag{3-30}$$

另外，本章进一步将符号负向跳跃变差（SJV^-）和符号正向跳跃变差（SJV^+）

分别引入 HAR-RV，HAR-RV-J，HAR-RV-CJ 和 HAR-RV-TJ，构建新的波动率模型，具体形式如下。

HAR-RV-SJV-D：

$$\mathrm{RV}_{t+1}=c+\beta_d\mathrm{RV}_t+\beta_w\mathrm{RVW}_t+\beta_m\mathrm{RVM}_t+\beta_{\mathrm{sjv}}^{+}\mathrm{SJV}_t^{+}+\beta_{\mathrm{sjv}}^{-}\mathrm{SJV}_t^{-}+\omega_{t+1} \quad (3\text{-}31)$$

HAR-RV-J-SJV-D：

$$\mathrm{RV}_{t+1}=c+\beta_d\mathrm{RV}_t+\beta_w\mathrm{RVW}_t+\beta_m\mathrm{RVM}_t+\beta_j J_t+\beta_{\mathrm{sjv}}^{+}\mathrm{SJV}_t^{+}+\beta_{\mathrm{sjv}}^{-}\mathrm{SJV}_t^{-}+\omega_{t+1} \quad (3\text{-}32)$$

HAR-RV-CJ-SJV-D：

$$\begin{aligned}\mathrm{RV}_{t+1}=&c+\beta_d C_t+\beta_w C_{t-4,t}+\beta_m C_{t-19,t}+\beta_{jd}\mathrm{CJ}_t+\beta_{jw}\mathrm{CJ}_{t-4,t}+\beta_{jm}\mathrm{CJ}_{t-19,t}\\&+\beta_{\mathrm{sjv}}^{+}\mathrm{SJV}_t^{+}+\beta_{\mathrm{sjv}}^{-}\mathrm{SJV}_t^{-}+\omega_{t+1}\end{aligned} \quad (3\text{-}33)$$

HAR-RV-TJ-SJV-D：

$$\mathrm{RV}_{t+1}=c+\beta_d\mathrm{TC}_t+\beta_w\mathrm{TC}_{t-4,t}+\beta_m\mathrm{TC}_{t-19,t}+\beta_j\mathrm{TJ}_t+\beta_{\mathrm{sjv}}^{+}\mathrm{SJV}_t^{+}+\beta_{\mathrm{sjv}}^{-}\mathrm{SJV}_t^{-}+\omega_{t+1} \quad (3\text{-}34)$$

鉴于以上分析，本节有八个高频波动率模型。为此，利用这八种波动率模型来分析研究符号跳跃变差以及其分解形式对已实现波动率模型预测精度的影响。

3.5 实证分析

3.5.1 样本总体内估计

本章实证的数据与第 2 章是一致的，具体的数据来源和样本统计学描述可参阅 2.4.1 节。表 3-1 给出了各波动率模型在总体样本的参数估计结果。从表 3-1 发现各已实现波动率、累积平均周和月的系数都是显著的，且在显著性水平为 1% 的条件下，拒绝了参数为 0 的原假设，即表明它们对未来的波动率存在显著的影响，且这种影响是正向的。众所周知，调整的 R^2 值越大，表示对因变量（被解释变量）的解释程度越高，反之越小。对比 HAR-RV（M1），HAR-RV-J（M4），HAR-RV-CJ（M7）和 HAR-RV-TJ（M10）的调整的 R^2（Adj.R^2）发现，HAR-RV-TJ 调整的 R^2 相比其他三种基本模型对未来波动率具有更好的解释能力。表 3-1 发现跳跃对未来波动率存在正向影响，也就是跳跃可以导致未来波动更为剧烈。另外，我们利用 Vuong（1989）检验的实证结果也支持该结论。因此，显著性跳跃成分可以改善模型的拟合能力。尤其是，利用 C_TZ（Corsi et al.，2010）显著性检验更具优势。这也证明了 C_TZ 跳跃检验相比 Z 检验具有更强的检验能力，也更适用于新兴资本市场。

另外，将符号跳跃变差引入 HAR-RV，HAR-RV-J，HAR-RV-CJ 和 HAR-RV-TJ 中，发现相应的模型的调整拟合值也稍稍变大，进而表明符号跳跃变差有助于提高波动率模型的拟合能力。进一步，本章发现 β_{SJV} 在各波动率模型的估计系数都

为负数，且在 1%的显著性水平下拒绝了“系数等于 0”的零假设。鉴于上述实证结果，本章发现符号跳跃不仅可以改善原有波动率模型的拟合能力，还有助于降低未来市场的波动。值得特别注意的是，将分解后的符号跳跃变差（SJV^-和 SJV^+）分别作为解释变量引入上述四种模型中，发现原有波动率模型对未来波动率的解释程度得到较为显著的提升。表 3-1 展示了 SJV^-和 SJV^+在各波动率模型中的估计结果，且发现 β_{SJV}^- 的系数不论在基本的 HAR-RV 模型中，还是在含跳跃的 HAR-RV 拓展模型中，都是显著的，且对未来波动率存在负向影响。而 β_{SJV}^+ 的表现并非如此。进一步，利用 Wald 检验发现，正负符号跳跃变差对未来波动率的影响是不对称的，因为 Wald 检验的 p 值全部接近或者等于 0。因此，正负符号跳跃变差对未来波动率的影响存在很强的不对称性。继续用 Wald 检验，原假设为 $\beta_{SJV}=\beta_{SJV}^+=\beta_{SJV}^-$，这三个系数值的绝对值按大小排序有$|\beta_{SJV}^-|>|\beta_{SJV}|>|\beta_{SJV}^+|$。

表 3-1　总样本内各模型的参数估计结果

	c	β_d	β_w	β_m	β_j	β_{SJV}	β_{SJV}^+	β_{SJV}^-	Adj.R^2
M1	0.0202***	0.4281***	0.2033***	0.2566***	—	—	—	—	0.4955
M2	0.0203***	0.4405***	0.1998***	0.2554***	—	−0.3561***	—	—	0.5164
M3	0.0191***	0.3666***	0.2184***	0.2516***	—		−0.1387**	−0.6107***	0.5192
M4	0.0198***	0.4716***	0.1939***	0.2646***	−0.3535***	—	—	—	0.4984
M5	0.0202***	0.4514***	0.1975***	0.2575***	−0.0914	−0.3458***	—	—	0.5165
M6	0.0186***	0.3777***	0.2167***	0.2565***	−0.2561***	—	−0.0526	−0.6488***	0.5203
M7	0.0202***	0.4554***	0.1970***	0.2636***	0.1620**	—	—	—	0.4984
M8	0.0204***	0.4405***	0.2075***	0.2634***	0.4692***	−0.3526***	—	—	0.5165
M9	0.0191***	0.3690***	0.2218***	0.2592***	0.2622***	—	−0.0898	−0.6213***	0.5196
M10	0.0211***	0.4587***	0.2144***	0.2563***	0.2001***	—	—	—	0.5001
M11	0.0211***	0.4483***	0.2160***	0.2616***	0.3801***	−0.3380***			0.5174
M12	0.0195***	0.3603***	0.2377***	0.2518***	0.1242***	—	0.0264	−0.4934***	0.5223

注：*，**和***表示在 10%，5%和 1%的水平下显著。M1，M2，M3，M4，M5，M6，M7，M8，M9，M10，M11，M12 分别代表 HAR-RV，HAR-RV-SJV，HAR-RV-SJV-D，HAR-RV-J，HAR-RV-J-SJV，HAR-RV-J-SJV-D，HAR-RV-CJ，HAR-RV-CJ-SJV，HAR-RV-CJ-SJV-D，HAR-RV-TJ，HAR-RV-TJ-SJV，HAR-RV-TJ-SJV-D。

3.5.2　跳跃对已实现波动率预测模型的能力分析

本章对各波动率模型评价采用的方法与第 2 章是一样的，即样本外滚动时间窗技术。与之不同的是，本章的样本外窗口选择为 394，因此每个模型可得 394 个预测值 $\hat{h}_m^2$（具体操作步骤可参阅 2.5.1 节）。

在选择损失函数标准时，本章也选择了较为流行的两种损失函数：MSE（式（2-22））和 QLIKE（式（2-23））。当然，也有学者采取类似的做法，如 Patton（2011）、Corsi 等（2010）。就目前检索到的国内外文献来看，已有学者（Martens et al.，2009；Laurent et al.，2012）将 MCS 的显著水平设置为 0.25。从表 3-2 的 HAR-RV 和含跳跃的已实现波动率模型的 MCS 实证结果发现，含跳跃的仅有 HAR-RV-TJ 模型通过了 MCS 检验（$p>0.25$），即说明用 C_TZ 跳跃识别检验构建的跳跃成分能够显著改善波动率模型预测能力，而这与我国学者（杨科和陈浪南，2011；马丹和尹优平，2012）所得结论是一致的。然而，基于 Z 跳跃识别检验构建的 HAR-RV-CJ 模型的预测表现不如 HAR-RV-TJ 模型。

表 3-2　HAR-RV 和含跳跃的已实现波动率模型的 MCS 检验结果（5min）

损失函数	MSE		QLIKE	
	T_R	T_{SQ}	T_R	T_{SQ}
HAR-RV	**<u>0.2825</u>**	0.2825	**<u>1.0000</u>**	**<u>1.0000</u>**
HAR-RV-J	0.2044	0.0034	0.0046	0.0028
HAR-RV-CJ	0.2044	0.0167	0.0046	0.0180
HAR-RV-TJ	**<u>1.0000</u>**	**<u>1.0000</u>**	**<u>0.6611</u>**	0.0012

注：字体加粗加下划线表示对应的模型通过了 MCS 检验，即幸存于最优模型集中，换句话说，p 值大于 0.25 与之对应的模型具有较好的预测能力，且 p 值越大，该模型的预测精度越高。上述各高频波动率模型中均取了对数。

3.5.3　符号跳跃变差对已实现波动率模型的影响分析

表 3-3 展示了上述 16 种波动率模型的损失函数值。从表中发现，HAR-RV-TJ-SJV-D 模型在 MSE 损失函数标准下得到了最小值。然而，在 QLIKE 损失函数标准下的最小值是 HAR-RV-SJV-D。这两个模型都有一个共同点，即模型中都含有正负向符号跳跃变差。然而，进一步对比 HAR-type 族模型和 GARCH 族模型发现，HAR-type 族模型的损失函数值都小于 GARCH 族的，即一定程度上表明，基于高频数据建模的波动率模型的预测精度优于 GARCH 族的。然而，这仅仅是从数值上进行判断，上述所得结论并不具有稳健性、可行性及外延性，下面将用更为严谨的波动率预测评价方法即 MCS 方法进行研究和分析。

表 3-3　各波动率模型损失函数值

损失函数	MSE	QLIKE
HAR-RV	0.2251	−8.4591
HAR-RV-SJV	0.2169	−8.4616

续表

损失函数	MSE	QLIKE
HAR-RV-SJV-D	0.2166	**−8.4618**
HAR-RV-J	0.2282	−8.4572
HAR-RV-J-SJV	0.2199	−8.4597
HAR-RV-J-SJV-D	0.2198	−8.4597
HAR-RV-CJ	0.2257	−8.4515
HAR-RV-CJ-SJV	0.2207	−8.4537
HAR-RV-CJ-SJV-D	0.2195	−8.4546
HAR-RV-TJ	0.2190	−8.4568
HAR-RV-TJ-SJV	0.2150	−8.4586
HAR-RV-TJ-SJV-D	**0.2129**	−8.4600
GARCH	0.9402	−8.2893
GJR-GARCH	0.9186	−8.2895
FIEGARCH	0.7015	−8.3438
HYGARCH	0.8802	−8.3040

注：字体加粗对应的模型是该损失函数标准下的最小值。表中 MSE 值是乘以 100 000 后得到的。

表 3-4 给出了各波动率模型的 MCS 检验结果。表 3-4 所展示的结果与表 3-3 是对应的。在两种损失函数下，预测精度最高的模型中都含有正负符号跳跃变量，进一步证明了正负符号跳跃变差更有助于改善模型的预测能力。另外，本章的实证结果说明，HAR-type 族模型的预测表现明显优于 GARCH 族的。

表 3-4　各波动率模型的 MCS 检验结果

损失函数	MSE		QLIKE	
	T_R	T_{SQ}	T_R	T_{SQ}
HAR-RV	0.0260	0.0067	0.0132	0.0049
HAR-RV-SJV	**0.4386**	0.2382	**0.5764**	0.1638
HAR-RV-SJV-D	**0.4386**	0.2382	**1.0000**	**1.0000**
HAR-RV-J	0.0260	0.0038	0.0132	0.0036
HAR-RV-J-SJV	0.0260	0.0067	0.0132	0.0049
HAR-RV-J-SJV-D	**0.3260**	0.0088	0.5764	0.0049
HAR-RV-CJ	0.0260	0.0027	0.0132	0.0036
HAR-RV-CJ-SJV	0.0260	0.0067	0.0132	0.0036
HAR-RV-CJ-SJV-D	**0.3260**	0.0088	0.0132	0.0049
HAR-RV-TJ	**0.4386**	0.0625	0.0132	0.0049

续表

损失函数	MSE		QLIKE	
	T_R	T_{SQ}	T_R	T_{SQ}
HAR-RV-TJ-SJV	**0.4386**	0.2382	**0.5764**	0.0049
HAR-RV-TJ-SJV-D	**1.0000**	**1.0000**	**0.5764**	0.1638
GARCH	0.0260	0.0000	0.0012	0.0000
GJR-GARCH	0.0260	0.0000	0.0132	0.0000
FIEGARCH	0.0260	0.0000	0.0132	0.0002
HYGARCH	0.0260	0.0000	0.0132	0.0000

注：p 值大于 0.25（用加粗标示的数字），表示在 MCS 检验过程中的幸存模型，即预测能力较好的模型。p 值越大，表明该模型得到的波动率预测精度越高。

3.5.4 稳健性检验

虽然高频波动率模型得到了学者的广泛认可，但在测度高频波动率（如 RV）时，不可避免地会遇到两个重要问题：噪声和跳跃。首先，对于噪声问题，以 RV 的计算为例，理论上要求抽样频率越高才能使计算的 RV 越接近二次变差（quadratic variation，QV），然而抽样频率的增加势必伴随测度噪声的增大。因此，两者间难以取得平衡。因此，本章还选择了以 10min 和 15min 为抽样频率作为其稳健性检验。表 3-5 给出了 MCS 检验结果，不同于 5min，基于 C_TZ 跳跃识别检验构建的 HAR-RV-TJ 模型具有更高的预测精度，且仅有该模型通过了 MCS 检验，表明跳跃可以显著改善已实现波动率模型的预测精度，即 C_TZ 跳跃识别检验相比 Z 跳跃检验所识别的跳跃成分对中国股票市场波动率预测更为有效。我们还考察了基于符号跳跃变差拓展的 HAR-RV 族模型，表 3-6 的实证结果发现：①相对于 GARCH 族模型，基于高频数据构建的 HAR-type 族模型具有更好的预测表现，不论是在哪种抽样频率下；②在 10min 和 15min 抽样频率下，模型中含有正负符号跳跃变差的确能改善模型的预测能力，而这也有力地证实了它们在波动率模型中的作用；③HAR-RV-TJ-SJV-D 模型总体上具有更好的预测表现。

表 3-5　HAR-RV 和含跳跃的已实现波动率模型的 MCS 检验结果（10min 和 15min）

损失函数	10min				15min			
	MSE		QLIKE		MSE		QLIKE	
	TR	TSQ	TR	TSQ	TR	TSQ	TR	TSQ
HAR-RV	0.0091	0.0662	0.0003	0.0027	0.0091	0.0118	0.0003	0.0003
HAR-RV-J	0.0012	0.0020	0.0001	0.0004	0.0012	0.0021	0.0001	0.0001
HAR-RV-CJ	0.0149	0.0569	0.0014	0.0027	0.0149	0.0149	0.0014	0.0014
HAR-RV-TJ	1.0000	1.0000	1.0000	1.0000	1.0000	1.0000	1.0000	1.0000

表 3-6　基于 MCS 检验的各波动率模型样本外预测结果

模型	10min		15min	
	MSE（T_{SQ}）	QLIKE（T_{SQ}）	MSE（T_{SQ}）	QLIKE（T_{SQ}）
HAR-RV	0.025	0.005	0.021	0.002
HAR-RV-SJV	0.052	0.005	0.027	0.003
HAR-RV-SJV-D	0.082	0.005	0.027	0.003
HAR-RV-J	0.003	0.003	0.015	0.001
HAR-RV-J-SJV	0.009	0.005	0.015	0.003
HAR-RV-J-SJV-D	0.013	0.005	0.018	0.003
HAR-RV-CJ	0.007	0.005	0.032	0.003
HAR-RV-CJ-SJV	0.040	0.005	0.056	0.003
HAR-RV-CJ-SJV-D	0.044	0.005	0.068	0.003
HAR-RV-TJ	0.052	0.005	0.418	0.109
HAR-RV-TJ-SJV	0.270	0.030	1.000	0.310
HAR-RV-TJ-SJV-D	1.000	1.000	0.509	1.000
GARCH	0.000	0.000	0.000	0.001
GJR-GARCH	0.000	0.001	0.000	0.001
FIEGARCH	0.000	0.004	0.002	0.003
HYGARCH	0.000	0.001	0.000	0.001

注：TR 基本与 TSQ 一致。此处没有报告在 TR 下的 MCS 检验结果。

第4章　已实现波动率模型的进一步拓展研究：基于符号收益和符号跳跃变差的视角

4.1　概　　述

在第 2 章的基础上，第 3 章主要分析了跳跃对异质自回归已实现波动率（HAR-RV）模型预测能力的影响，以此探讨符号跳跃变差及其分解形式对HAR-RV 模型和含跳跃的 HAR-RV 模型预测精度的影响。尤其是在第 3 章的实证中发现，符号跳跃变差在波动率模型预测方面的重要性，因此本章将进一步对其进行探讨，进而基于已实现正负变差的思想构建新的符号跳跃变差，并研究新提出的符号跳跃变差对波动率模型的估计和预测的影响。

本章的第一个贡献是根据显著性跳跃检验引入新的变量：正负连续已实现变差。另外，考虑到 Barndorff-Nielsen 等（2010）、Patton 和 Sheppard（2015）的已有研究，进一步将连续样本路径方差进行分解，构建正负连续样本路径方法，类似于正负向已实现变差。因此，本章用这些新构建的变量作为新的研究视角来研究它们对波动率模型的估计和预测能力的影响。进一步提出了两种新的符号跳跃变差来研究它们对已有波动率模型预测能力的影响。另外，还进一步探讨了正负联系样本路径是否也存在非对称现象。

本章的第二个贡献是用上述新的变量构建新的波动率模型，进一步拓展了HAR-RV 模型。就目前所检索到的文献来看，已有不少学者（Andersen et al.，2007；马锋等，2015）进行这样或者那样的工作，极大地促进了 HAR-RV 模型的发展，因此 HAR-RV 模型为近几年的“明星模型”之一。自然而然地，本章有个问题需要回答：这些新构建的模型是否比已有模型（Corsi，2009；Andersen et al.，2007）具有更好的预测表现呢？简单来说，本章新提出的波动率模型能击败已有波动率模型的预测能力吗？而这一核心问题，也是本章予以解决的关键问题。

本章选择使用 NYMEX 市场当月连续的主力合约作为研究对象，时间从2007 年 1 月 2 日到 2014 年 5 月 9 日，而数据来源是国际著名的高频数据提供公司——TickData。本书按照 Zivot 和 Wang（2005）、Chevallier 和 Sévi（2012）等的做法，剔除了交易日不活跃的天数，经过处理后，样本共计 1851 个。本章的主要结论如下：首先，新构建的正负连续样本路径是含有跳跃检验的，与 Barndorff-

Nielsen 等（2010）提出的正负已实现半变波动率存在较大的差异。实证结果显示，相比正向连续样本路径，新的负向连续样本路径与未来波动率具有更强的联系。其次，新提出的符号跳跃变差将导致未来波动率降低。如果仅从数值的角度判断，则新提出的符号跳跃变差对未来波动率的影响要大于已有符号跳跃变差（Patton and Sheppard，2015）。进一步，借助 Wald 跳跃检验，新提出的正负连续样本路径方差也存在显著的“非对称性”。再次，依据这些新的变量，借助 Corsi（2009），Andersen 等（2007）的思想，提出了新的波动率模型，样本外实证结果说明，新提出的波动率模型具有良好的预测表现。

4.2　含跳跃的符号跳跃变差

Patton 和 Sheppard（2015）利用已实现正负半差，符号跳跃变差等作为解释变量，引入最简单的 HAR-RV 模型中，马锋等（2015）将符号跳跃变差应用到 HAR-RV-J，HAR-RV-CJ 和 HAR-RV-TJ 模型上，实证发现符号跳跃变差不仅可以提高各波动率模型的拟合精度，还可以提高模型的预测精度；符号正向和负向跳跃变差相比符号跳跃变差对未来波动率具有更好的解释能力，且它们对未来波动率的影响是不对称的；加入符号正、负向跳跃变差的 HAR-RV-TJ 模型的预测效果是众多模型中表现最好的，尤其是它的对数形式。而本节基于符号收益率的视角，对现有的 HAR-RV 类及其跳跃扩展模型进行相应分解，构建新型的 HAR-RV 类波动率模型。进一步，结合符号收益和不同的跳跃识别检验方法，提出了包含符号跳跃变差的 HAR-RV 类模型。然而，本节在 Patton 和 Sheppard（2015）以及马锋等（2015）的基础上，通过结合 Z（Huang and Tauchen，2005）和 C_TZ 跳跃显著性检验（Corsi et al.，2010）构建新的符号跳跃变差，研究它们对未来不同期限波动率的影响，并进一步评价它们对新旧波动率模型预测能力的影响。

本节可以借鉴 Barndorff-Nielsen 等（2010）的思想，将 CRV 进行如下分解：

$$\mathrm{CRV}_{t,\alpha}^{+} = I(Z_t \leqslant \Phi_\alpha)\cdot \mathrm{RS}_t^{+} + \frac{1}{2} I(Z_t > \Phi_\alpha)\cdot \mathrm{BPV}_t \tag{4-1}$$

$$\mathrm{CRV}_{t,\alpha}^{-} = I(Z_t \leqslant \Phi_\alpha)\cdot \mathrm{RS}_t^{-} + \frac{1}{2} I(Z_t > \Phi_\alpha)\cdot \mathrm{BPV}_t \tag{4-2}$$

不难得到，$\mathrm{CRV}_{t,\alpha} = \mathrm{CRV}_{t,\alpha}^{+} + \mathrm{CRV}_{t,\alpha}^{-}$。同理，将 TCRV 进行类似分解：

$$\mathrm{TCRV}_{t,\alpha}^{+} = I(\mathrm{C\_TZ}_t \leqslant \Phi_\alpha)\cdot \mathrm{RS}_t^{+} + \frac{1}{2} I(\mathrm{C\_TZ}_t > \Phi_\alpha)\cdot \mathrm{C\_TBPV}_t \tag{4-3}$$

$$\mathrm{TCRV}_{t,\alpha}^{-} = I(\mathrm{C\_TZ}_t \leqslant \Phi_\alpha)\cdot \mathrm{RS}_t^{-} + \frac{1}{2} I(\mathrm{C\_TZ}_t > \Phi_\alpha)\cdot \mathrm{C\_TBPV}_t \tag{4-4}$$

值得注意的是，Patton 和 Sheppard（2015）在已实现正负变差的基础上，提出了 SJV 的概念。

基于上述思想，根据式（4-1）～式（4-4），构建以下两种新的符号跳跃变差，分别记为 CSJV 和 TSJV：

$$\mathrm{CSJV}_t \equiv \mathrm{CRV}_{t,\alpha}^{+} - \mathrm{CRV}_{t,\alpha}^{-} \tag{4-5}$$

$$\mathrm{TSJV}_t \equiv \mathrm{TCRV}_{t,\alpha}^{+} - \mathrm{TCRV}_{t,\alpha}^{-} \tag{4-6}$$

鉴于上述分析，本章可以研究新构建的已实现半变差（$\mathrm{CRV}_{t,\alpha}^{+}$，$\mathrm{CRV}_{t,\alpha}^{-}$，$\mathrm{TCRV}_{t,\alpha}^{+}$，$\mathrm{TCRV}_{t,\alpha}^{-}$）和跳跃符号变差（$\mathrm{CSJV}_t$ 和 TSJV_t）对波动率模型的估计与预测的影响，即提供了新的研究视角。

4.3 基于符号收益和符号跳跃变差的已实现波动率模型

4.3.1 已有模型

Chen 和 Ghysels（2010）利用已实现正负变差的思想，构建了新的波动率模型，即 HAR-S-RV-J 模型，表示为

$$\mathrm{RV}_{t+1} = c + \beta_{dp}\mathrm{RS}_t^{+} + \beta_{wp}\mathrm{RSW}_t^{+} + \beta_{mp}\mathrm{RSM}_t^{+} + \beta_{dn}\mathrm{RS}_t^{-} + \beta_{wn}\mathrm{RSW}_t^{-} + \beta_{mn}\mathrm{RSM}_t^{-} + \beta_j J_t + \omega_{t+1} \tag{4-7}$$

其中，RSW^{+}，RSM^{+}，RSW^{-}及 RSM^{-}分别表示正向周、正向月、负向周及负向月累积平均已实现波动率；J_t 表示跳跃成分。如果按照正负变差的思想分解 HAR-RV-J 模型，即为 HAR-S-RV-J 模型。

为了捕捉非对称现象，一系列的 HAR-RV 拓展模型已经提出。本节将重点介绍这些模型。第一个模型定义为 HAR-RV-PS1，其中加入了指示函数，构建了交互项，即引入了日收益率对波动率的影响，$\mathrm{RV}_t I(r_t < 0)$：

$$\mathrm{RV}_{t+1} = c + \beta_{dp}\mathrm{RS}_t^{+} + \beta_{dn}\mathrm{RS}_t^{-} + \gamma \mathrm{RV}_t I(r_t < 0) + \beta_w \mathrm{RV}_{t-4,t} + \beta_m \mathrm{RV}_{t-21,t} + \omega_{t+1} \tag{4-8}$$

第二个模型直接将符号跳跃变差作为解释变量，引入 HAR-RV 模型中，标记为 HAR-RV-PS2：

$$\mathrm{RV}_{t+1} = c + \varphi \mathrm{SJV}_t + \beta_{\mathrm{bpv}}\mathrm{BPV}_t + \beta_w \mathrm{RV}_{t-4,t} + \beta_m \mathrm{RV}_{t-21,t} + \omega_{t+1} \tag{4-9}$$

其中，$\mathrm{SJV}_t = \mathrm{RS}_t^{+} - \mathrm{RS}_t^{-}$。

第三个模型，就是进一步分解了的符号跳跃变差，标记为 HAR-RV-PS3：

$$\mathrm{RV}_{t+1} = c + \varphi^{+}\mathrm{SJV}_t^{+} + \varphi^{-}\mathrm{SJV}_t^{-} + \beta_{\mathrm{bpv}}\mathrm{BPV}_t + \beta_w \mathrm{RV}_{t-4,t} + \beta_m \mathrm{RV}_{t-21,t} + \omega_{t+1} \tag{4-10}$$

其中，$\mathrm{SJV}_t^{+} = \mathrm{SJV}_t I(\mathrm{SJV}_t > 0)$，$\mathrm{SJV}_t^{-} = \mathrm{SJV}_t I(\mathrm{SJV}_t < 0)$。

Sévi（2014）首次将滞后的符号跳跃变差、累积平均的周和月（SJV_t，SJV_t^{+}和SJV_t^{-}）

分别加入 HAR-RV-PS2 和 HAR-RV-PS3，然后用 $C_{t-4,t}(C_{t-21,t})$ 替换 $\text{RV}_{t-4,t}(\text{RV}_{t-21,t})$，构建两个新的模型。第一个模型记为 HAR-CSJ：

$$\text{RV}_{t+1}=c+\varphi_d\text{SJV}_t+\beta_{\text{bpv}}\text{BPV}_t+\beta_w C_{t-4,t}+\beta_m C_{t-21,t}+\varphi_w\text{SJV}_{t-4,t}+\varphi_m\text{SJV}_{t-21,t}+\omega_{t+1} \tag{4-11}$$

第二个模型标记为 HAR-CSJd：

$$\begin{aligned}\text{RV}_{t+1}=&c+\varphi_d^+\text{SJV}_t^++\varphi_d^-\text{SJV}_t^-+\beta_{\text{bpv}}\text{BPV}_t+\beta_w C_{t-4,t}+\beta_m C_{t-21,t}+\varphi_w^+\text{SJV}_{t-4,t}^++\varphi_w^-\text{SJV}_{t-4,t}^-\\&+\varphi_m^+\text{SJV}_{t-21,t}^++\varphi_m^-\text{SJV}_{t-21,t}^-+\omega_{t+1}\end{aligned} \tag{4-12}$$

因此，鉴于上述分析，(已有 HAR-RV（式（2-17）），HAR-RV-J（式（2-18）），HAR-RV-CJ（式（2-19）），HAR-RV-TJ（式（2-23）），) HAR-S-RV-J（式（4-7）），HAR-RV-PS1（式（4-8）），HAR-RV-PS2（式（4-9）），HAR-RV-PS3（式（4-10）），HAR-CSJ（式（4-11））和 HAR-CSJd（式（4-12））共十种 HAR-type 族模型。

4.3.2　新提出的波动率模型

本文借鉴 Chen 和 Ghysels（2010）的思路，将 HAR-RV、HAR-RV-CJ 和 HAR-RV-TJ 模型进行类似的分解，从而构建了新的基于符号收益的 HAR 类波动率模型。具体为：首先，按照正负变差的思想，将 HAR-RV 中右边的解释变量（RV、RVW 和 RVM）进行分解，得到了如下一种新的 HAR-S-RV 模型：

$$\begin{aligned}\text{RV}_{t+1}=&c+\beta_d(\text{RS}_t^++\text{RS}_t^-)+\beta_w\frac{(\text{RS}_t^++\text{RS}_t^-)+(\text{RS}_{t-1}^++\text{RS}_{t-1}^-)+\cdots+(\text{RS}_{t-4}^++\text{RS}_{t-4}^-)}{5}\\&+\beta_m\frac{(\text{RS}_t^++\text{RS}_t^-)+(\text{RS}_{t-1}^++\text{RS}_{t-1}^-)+\cdots+(\text{RS}_{t-19}^++\text{RS}_{t-19}^-)}{20}+\omega_{t+1}\\=&c+\beta_{dp}\text{RS}_t^++\beta_{wp}\text{RSW}_t^++\beta_{mp}\text{RSM}_t^++\beta_{dn}\text{RS}_t^-+\beta_{wn}\text{RSW}_t^-+\beta_{mn}\text{RSM}_t^-+\omega_{t+h}\end{aligned} \tag{4-13}$$

进一步，就国内外已有文献来看，还没有研究结合正负变差的思想将 HAR-RV-CJ 和 HAR-RV-TJ 模型进行相应的分解或者拓展。然后现有很多实证研究发现，在模型的拟合优度和预测精度方面，HAR-RV-CJ 和 HAR-RV-TJ 要明显优于 HAR-RV 和 HAR-RV-J 模型。因此，本节按照构建 HAR-S-RV-J 模型的方法，构建了新的 HAR-S-RV-CJ 和 HAR-S-RV-TJ 模型。需要注意的是，HAR-RV-CJ 和 HAR-RV-TJ 模型中的解释变量（如 C（式（2-20））和 TC（式（2-24））绝非仅仅涉及符号收益率，还涉及跳跃检验和已实现二次幂变差等的差异，因此，结合本章新提出的已实现半变差（$\text{CRV}_{t,\alpha}^+$，$\text{CRV}_{t,\alpha}^-$，$\text{TCRV}_{t,\alpha}^+$，$\text{TCRV}_{t,\alpha}^-$）和跳跃符号变差（CSJV_t 和 TSJV_t），可以构建如下新的波动率模型：

HAR-RV-PS4：

$$RV_{t+1}=c+\beta_{dp}C_t^{+}+\beta_{dn}C_t^{-}+\gamma C_t I(r_t<0)+\beta_w C_{t-4,t}+\beta_m C_{t-21,t}+\beta_{jd}CJ_t+\beta_{jw}CJ_{t-4,t}+\beta_{jm}CJ_{t-21,t}+\omega_{t+1} \tag{4-14}$$

HAR-RV-PS5：

$$RV_{t+1}=c+\beta_{dp}TC_t^{+}+\beta_{dn}TC_t^{-}+\gamma TC_t I(r_t<0)+\beta_w TC_{t\text{-}4,t}+\beta_m TC_{t-21,t}+\beta_j TJ_t+\omega_{t+1} \tag{4-15}$$

HAR-RV-PS6：

$$RV_{t+1}=c+\varphi CSJV_t+\beta_{bpv}BPV_t+\beta_w C_{t-4,t}+\beta_m C_{t-21,t}+\omega_{t+1} \tag{4-16}$$

HAR-RV-PS7：

$$RV_{t+1}=c+\varphi_{tcsjv}TSJV_t+\beta_{tbpv}TBPV_t+\beta_w TC_{t-4,t}+\beta_m TC_{t-21,t}+\omega_{t+1} \tag{4-17}$$

HAR-RV-PS8：

$$RV_{t+1}=c+\varphi_{csjv}^{+}CSJV_t^{+}+\varphi_{csjv}^{-}CSJV_t^{-}+\beta_{bpv}BPV_t+\beta_w C_{t\text{-}4,t}+\beta_m C_{t-21,t}+\omega_{t+1} \tag{4-18}$$

HAR-RV-PS9：

$$RV_{t+1}=c+\varphi_{tsjv}^{+}TSJV_t^{+}+\varphi_{tsjv}^{-}TSJV_t^{-}+\beta_{bpv}TBPV_t+\beta_w TC_{t-4,t}+\beta_m TC_{t-21,t}+\omega_{t+1} \tag{4-19}$$

HAR-S-C-CJ：

$$RV_{t+1}=c+\beta_{dp}C_t^{+}+\beta_{wp}C_{t\text{-}4,t}^{+}+\beta_{mp}C_{t-21,t}^{+}+\beta_{dn}C_t^{-}+\beta_{wn}C_{t-4,t}^{-}+\beta_{mn}C_{t-21,t-1}^{-}+\beta_j CJ_t+\omega_{t+1} \tag{4-20}$$

HAR-S-TC-TJ：

$$RV_{t+1}=c+\beta_{dp}TC_t^{+}+\beta_{wp}TC_{t\text{-}4,t}^{+}+\beta_{mp}TC_{t-21,t}^{+}+\beta_{dn}TC_t^{-}+\beta_{wn}TC_{t-4,t}^{-}+\beta_{mn}TC_{t-21,t}^{-}+\beta_j TJ_t+\omega_{t+1} \tag{4-21}$$

HAR-CSJ1：

$$RV_{t+1}=c+\varphi_{csjv}^{d}CSJV_t+\beta_{bpv}BPV_t+\beta_w C_{t-4,t}+\beta_m C_{t-21,t}+\varphi_{csjv}^{w}CSJV_{t-4,t}+\varphi_{csjv}^{m}CSJVM_{t-21,t}+\omega_{t+1} \tag{4-22}$$

HAR-CSJ2：

$$\begin{aligned}RV_{t+1}=c&+\varphi_{tcsjv}^{d}TSJV_t+\beta_{bpv}TBPV_t+\beta_w TC_{t-4,t}+\beta_m TC_{t-21,t}\\&+\varphi_{tcsjv}^{w}TSJV_{t-4,t}+\varphi_{tcsjv}^{m}TSJV_{t-21,t}+\omega_{t+1}\end{aligned} \tag{4-23}$$

HAR-CSJd1：

$$\begin{aligned}RV_{t+1}=c&+\varphi_{csjv}^{+}CSJV_t^{+}+\varphi_{csjv}^{-}CSJV_t^{-}+\beta_{bpv}BPV_t+\beta_w C_{t-4,t}+\beta_m C_{t-21,t}+\varphi_{csjv}^{w,+}CSJV_{t-4,t}^{+}\\&+\varphi_{csjv}^{w,-}CSJV_{t-21,t}^{-}+\varphi_{csjv}^{m,+}CSJV_{t-4,t}^{+}+\varphi_{csjv}^{m,-}CSJV_{t-21,t}^{-}+\omega_{t+1}\end{aligned} \tag{4-24}$$

HAR-CSJd2：

$$
\begin{aligned}
\mathrm{RV}_{t+1} &= c + \varphi_{\mathrm{tsjv}}^{+}\mathrm{TSJV}_{t}^{+} + \varphi_{\mathrm{tsjv}}^{-}\mathrm{TCSJV}_{t}^{-} + \beta_{\mathrm{bpv}}\mathrm{BPV}_{t} + \beta_{w}C_{t-4,t} + \beta_{m}C_{t-21,t} + \varphi_{\mathrm{tcsjv}}^{w,+}\mathrm{TSJV}_{t-4,t}^{+} \\
&\quad + \varphi_{\mathrm{tcsjv}}^{w,-}\mathrm{TSJV}_{t-4,t}^{-} + \varphi_{\mathrm{tcsjv}}^{m,+}\mathrm{TSJV}_{t-21,t}^{+} + \varphi_{\mathrm{tcsjv}}^{m,-}\mathrm{TSJV}_{t-21,t}^{-} + \omega_{t+1}
\end{aligned}
\tag{4-25}
$$

因此，新拓展的波动率模型有 12 种，加上已有的 10 种，本章共计 22 种。表 4-1 给出了各模型的编号及来源等。

表 4-1　本章实证 HAR-type 族模型

模型名称	模型类型	参考文献	公式编号
M1	HAR-RV	Corsi（2009）	式（2-17）
M2	HAR-RV-J	Andersen 等（2007）	式（2-18）
M3	HAR-RV-CJ	Andersen 等（2007）	式（2-19）
M4	HAR-RV-TJ	Corsi 等（2010）	式（2-23）
M5	HAR-S-RV-J	Chen 和 Ghysels（2010）	式（4-7）
M6	HAR-RV-PS1	Patton 和 Sheppard（2015）	式（4-8）
M7	HAR-RV-PS2	Patton 和 Sheppard（2015）	式（4-9）
M8	HAR-RV-PS3	Patton 和 Sheppard（2015）	式（4-10）
M9	HAR-CSJ	Sévi（2014）	式（4-11）
M10	HAR-CSJd	Sévi（2014）	式（4-12）
M11	HAR-RV-PS4	新模型	式（4-14）
M12	HAR-RV-PS5	新模型	式（4-15）
M13	HAR-RV-PS6	新模型	式（4-16）
M14	HAR-RV-PS7	新模型	式（4-17）
M15	HAR-RV-PS8	新模型	式（4-18）
M16	HAR-RV-PS9	新模型	式（4-19）
M17	HAR-S-C-CJ	新模型	式（4-20）
M18	HAR-S-TC-TJ	新模型	式（4-21）
M19	HAR-CSJ1	新模型	式（4-22）
M20	HAR-CSJ2	新模型	式（4-23）
M21	HAR-CSJd1	新模型	式（4-24）
M22	HAR-CSJd2	新模型	式（4-25）

4.4　实 证 分 析

4.4.1　实证数据

本节选择 NYMEX 市场轻质原油期货（Light Sweet Crude Oil）连续当月主流

合约作为研究对象，并选择 5min 的抽样频率。Souček 和 Todorova（2013）以及 Haugom 等（2014）也采取了类似的做法来研究原油期货市场波动率特征。本章原油期货高频数据来自国际知名数据库 TickDATA，样本时间从 2007 年 1 月 2 日到 2014 年 5 月 9 日，剔除交易日内不活跃的天数，共 1851 个交易日。

表 4-2 展示了各时间序列的统计性描述特征。所有的已实现波动率序列、跳跃以及符号跳跃变差都具有显著的有偏和尖峰的特征，且在显著性水平为 1%下是成立的。另外，J-B 统计量也进一步证实了各序列的非正态分布特征。在 Ljung-Box 统计值中还发现各序列具有很强的自相关性。另外，用 C_TZ 显著性跳跃检验发现样本内有 367 天的跳跃是显著的，远超过了 Z 统计量的 238 天。

表 4-2 各时间序列的描述性统计说明

模型	平均值	标准差	偏度	超额峰度	J-B 统计量	$Q(5)$
RV	3.005	4.262	3.941***	19.335***	33 225.704***	5 453.734***
C	2.892	4.155	3.940***	19.034***	32 340.317***	5 428.804***
TC	2.772	3.921	3.842***	18.006***	29 062.655***	5 428.804***
BPV	2.726	3.906	3.988***	20.329***	36 164.290***	5 408.288***
TBPV	2.424	3.515	4.082***	22.096***	42 285.452***	5 370.023***
J	0.324	0.775	7.285***	73.919***	432 583.731***	455.498***
CJ	0.113	0.579	12.325***	198.908***	3 046 388.890***	15.129***
TJ	0.232	0.961	8.360***	86.647***	590 527.324***	25.295***
SJV	–0.060	1.529	0.299***	29.749***	67 140.138***	5.217
CSJV	–0.079	1.371	–0.184***	34.694***	91 742.840***	25.240***
TSJV	–0.041	1.105	0.571***	33.004***	83 112.737***	16.323***

注：用统计学软件 WINRATS，检验如下两个原假设：偏度 = 0 和超额峰度 = 3。超额峰度表示峰度值减去 3 后所得。***表示在显著性水平为 1%的条件下拒绝原假设。表中所有的已实现波动率、跳跃和符号跳跃变差的值都乘以了 10 000。

4.4.2 波动率预测方法说明和模型评价方法介绍

本章的波动率预测仍采用了滚动时间窗的预测技术。首先，将样本分为样本内和样本外。第一个样本内从 2007 年 1 月 2 日到 2011 年 11 月 1 日，共 1222 个交易日，而样本外从 2011 年 11 月 2 日到 2014 年 5 月 9 日，共计 629 天。然后，按照固定的 1222 个交易日作为滚动窗口，往后推移 1 天，每估计一次，删除掉样本内第一天的信息，且添加最新的一天，且每个模型都估计 629 次。而本章选择了两种较为流行的损失函数标准：经异方差调整的均方误差（heteroskedasticity adjusted MSE，HMSE）和经异方差调整的平均绝对误差（heteroskedasticity adjusted MAE，HMAE），它们的计算方法如下：

$$\text{HMSE} = M^{-1}\sum_{m=H+1}^{H+M}(1-\hat{\sigma}_t^2/\text{RV}_m)^2 \tag{4-26}$$

$$\text{HMAE} = M^{-1}\sum_{m=H+1}^{H+M}|1-\hat{\sigma}_t^2/\text{RV}_m| \tag{4-27}$$

其中，$\hat{\sigma}_t^2$为各模型预测的波动率值，M为样本外预测个数（本章$M=629$），RV_t为样本外真实的市场波动率的替代值。当然，第 2 章和第 3 章已经讨论了，仅用损失函数值来判断模型的好坏，一方面不具有稳健性，另一方面也不具备外延性和可靠性，因此，本章的波动率模型评价方法仍采用较为新颖的 MCS 检验。

4.4.3　样本内估计分析

表 4-3 和表 4-4 分别给出了已有波动率模型和本章新提出的波动率模型在样本内的估计结果。首先，实证结果说明，滞后的已实现波动率、累积平均的周和月已实现波动率对未来波动率存在显著的正向影响，进一步表明已实现波动率存在很强的持久性。另外，符号跳跃变差（Patton and Sheppard，2015）和新提出的含跳跃的符号跳跃变差对未来波动率存在显著的负向影响，即降低了未来一天的波动率。进一步，对比 M7 和新的波动率模型（M13 和 M14）发现，新提出的符号跳跃变差对未来波动率的影响要大于已有符号跳跃变差的，仅从数值的角度判断。表 4-3 和表 4-4 中 M8，M15 和 M16 模型的估计结果展示了符号跳跃变差对未来波动率真正起主导作用的是负向跳跃变差，即存在所谓的非对称现象。另外，用 Wald 检验原假设：$\varphi_d^+=\varphi_d^-=\varphi$，实证结果发现，Wald 检验的$p$值基本全接近或者等于 0，因此，正负符号跳跃变差对未来波动率的影响是不对称的。从表 4-3 和表 4-4 发现，在显著性水平为 1%的条件下，负向符号跳跃变差对未来波动的影响都是显著的，而正向符号跳跃变差的表现并非如此。因此，负向符号跳跃变差对未来波动率存在更强的联系。

模型中负向已实现变差对未来波动率的影响存在显著正向影响，且远大于正向已实现变差的，表明滞后一天的已实现波动率中真正对未来波动率起主导影响的因素是负向已实现变差，即有日内负收益率构建的，以此证实了正负向已实现波动率对未来波动率影响的不对称性。另外，用 Wald 检验原假设，正负已实现变差对未来具有相同的预测能力，即$\beta_{dp}=\beta_{dn}$，其中，所涉及的模型有 M5，M6，M11，M12，M17 和 M18。Wald 统计的p值表明它们存在显著的非对称效应。另外，用 C_TZ 跳跃检验构建的跳跃成分对未来波动率存在显著正向影响，而其他跳跃成分似乎并不存在影响。

表 4-3 已有波动率模型样本内的估计结果

系数	M1	M2	M3	M4	M5	M6	M7	M8	M9	M10
c	0.000**	0.000**	0.000**	0.000**	0.000*	0.000	0.000	0.000	0.000**	0.000**
β_d	0.088***	0.071***	0.089**	0.111***					0.095**	
β_{bpv}							0.075**	0.024***		
β_{dp}					−0.074	−0.087				
β_{dn}					0.247***	0.270***				
β_w	0.444***	0.449***	0.354***	0.475***		0.382***	0.424***	0.394***	0.400***	0.377***
β_{wp}					0.238*					
β_{wn}					0.326**					
β_m	0.439***	0.441***	0.478***	0.444***		0.478***	0.474***	0.485***	0.708***	0.760***
β_{mp}					−0.438*					
β_{mn}					1.548***					
β_j		0.096	−0.032	0.193***	0.061					
β_{wj}			0.754**							
β_{mj}			2.121***							
γ						0.031				
φ_d							−0.205***		−0.212***	
φ_w									0.026***	
φ_m									−0.939***	
φ_d^+								0.073		0.248***
φ_w^+										−0.435**
φ_m^+										−1.251***
φ_d^-								−0.481***		−0.570***
φ_w^-										−0.028
φ_m^-										−0.356
Adj.R^2	0.714	0.714	0.717	0.709	0.725	0.720	0.719	0.723	0.715	0.723

注：***，**和*分别表示在显著性水平为 1%，5%和 10%的条件下拒绝原假设。

表 4-4　新波动率模型样本内的估计结果

系数	M11	M12	M13	M14	M15	M16	M17	M18	M19	M20	M21	M22
c	0.000^{*}	0.000	0.000^{*}	0.000	0.000^{*}	0.000	0.000^{**}	0.000	0.000^{*}	0.000	0.000^{**}	0.000^{**}
β_{bpv}			0.108^{***}	0.122^{***}	0.066	0.080^{***}			0.099^{***}	0.087^{**}	0.003	0.004^{*}
β_{dp}	-0.143^{**}	-0.229^{***}					-0.103^{*}	-0.171^{**}				
β_{dn}	0.355^{***}	0.486^{***}					0.341^{***}	0.422^{***}				
β_{w}	0.303^{***}	0.407^{***}	0.412^{***}	0.438^{***}	0.406^{***}	0.465^{***}			0.403^{***}	0.639^{***}	0.410^{***}	0.645^{***}
β_{wp}							0.137	0.219^{***}				
β_{wn}							0.408^{***}	0.346^{**}				
β_{m}	0.504^{***}	0.481^{***}	0.469^{***}	0.484^{***}	0.474^{***}	0.483^{***}			0.850^{***}	0.816^{***}	0.797^{***}	0.745^{***}
β_{mp}							-0.466^{**}	-0.787^{***}				
β_{mn}							1.538^{***}	1.992^{***}				
β_{j}	0.030						0.186^{*}	0.132^{*}				
β_{wj}	0.609^{**}											
β_{mj}	1.908^{***}											
γ	0.014	0.022										
φ_{d}			-0.291^{***}	-0.380^{***}					-0.257^{***}	-0.359^{***}		
φ_{w}									-0.236	-0.902^{***}		
φ_{m}									-1.518^{***}	-2.128^{***}		
φ_{d}^{+}					-0.092	-0.229^{**}					0.252^{**}	0.064
φ_{w}^{+}											-0.980^{***}	-1.135^{***}
φ_{m}^{+}											-1.258^{***}	-2.153^{***}
φ_{d}^{-}					-0.460^{***}	-0.505^{***}					-0.505^{***}	-0.669^{***}
φ_{w}^{-}											-0.026	-1.228^{***}
φ_{m}^{-}											-0.517	0.010
Adj.R^2	0.7242	0.719	0.717	0.7167	0.7181	0.7161	0.7246	0.7272	0.7225	0.7258	0.729	0.7342

注：***，**和*分别表示在显著性水平为 1%，5%和 10%的条件下拒绝原假设。

4.4.4　样本外评价

众所周知，样本内的表现具有时变性。与样本内表现比较来看，波动率模型样本外的预测能力对市场参与者更为重要，因为他们更多的是关注波动率模型在未来的表现。4.4.2 节已经选择了 629 天作为样本外预测评价方法。以 HAR-RV-TJ

（M4）模型为例，它共滚动 629 次，每次估计可以得到不同的参数，因此，其参数并非固定不变的，而是可变的。从某种程度上来说，这一滚动时间窗预测技术，规避了数据样本所造成的偏差，也有助于降低市场噪声所带来的奇异点。

利用 Hansen 等（2011）提出的模型信度集对各波动率模型的样本外预测能力进行检验。依据 Martens 等（2009）、Laurent 等（2012）的建议，选择 MCS 检验的显著水平为 0.25。如果 p 值小于 0.25，则表明该波动率模型的预测能力明显差于 p 值大于 0.25 的。换句话说，该模型应不包含预测最优模型集。

表 4-5 给出了各波动率模型的 MCS 检验结果。当预测未来一天的波动率时，已有的波动率模型 M4（HAR-RV-TJ），M6（HAR-RV-PS1），M7（HAR-RV-PS2），M9（HAR-CSJ）和新提出的波动率模型 M12（HAR-RV-PS5），M14（HAR-RV-PS7），M16（HAR-RV-PS9），M18（HAR-S-TC-TJ），M19（HAR-CSJ1）在 HMSE 损失函数标准下并未被 MCS 检验剔除，也就是说，这些新的波动率模型相比剔除的已有波动率模型具有更好的预测表现。另外，在 HMAE 损失函数标准下，仅有 M14（HAR-RV-PS7），M16（HAR-RV-PS9）和 M18（HAR-S-TC-TJ）在 MCS 检验中得以幸存。鉴于此，对比 HMSE 和 HMAE 损失函数标准发现，M14（HAR-RV-PS7），M16（HAR-RV-PS9）和 M18（HAR-S-TC-TJ）具有更为稳定的表现，也就是说，总体上，它们具有更优的预测精度。而上述结论充分表明本章新构建的已实现波动率模型在预测原油期货市场的波动率具有更优的表现，间接地说明新构建的变量（如新提出的符号跳跃变差等）在构建波动率模型和预测波动率方法中起到了相当显著的正向作用。从表 4-5 还发现，基于 C_TZ 显著性跳跃检验构建的变量相比其他跳跃检验构建的变量具有更强的预测能力。

表 4-5　各波动率模型的 MCS 检验结果（RV 作为真实的市场波动率）

模型类型	HMSE	HMAE
HAR-RV	0.092	0.007
HAR-RV-J	0.023	0.006
HAR-RV-CJ	0.021	0.004
HAR-RV-TJ	**0.526**	0.049
HAR-S-RV-J	0.121	0.018
HAR-RV-PS1	**0.557**	0.202
HAR-RV-PS2	**0.394**	0.074
HAR-RV-PS3	0.097	0.017
HAR-CSJ	**0.353**	0.006
HAR-CSJd	0.022	0.006
HAR-RV-PS4	0.022	0.007

续表

模型类型	HMSE	HMAE
HAR-RV-PS5	**<u>0.957</u>**	**<u>0.321</u>**
HAR-RV-PS6	0.021	0.001
HAR-RV-PS7	**<u>0.957</u>**	**<u>0.321</u>**
HAR-RV-PS8	0.022	0.000
HAR-RV-PS9	**<u>1.000</u>**	**<u>0.321</u>**
HAR-S-C-CJ	0.023	0.001
HAR-S-TC-TJ	**<u>0.957</u>**	**<u>1.000</u>**
HAR-CSJ1	**<u>0.516</u>**	0.126
HAR-CSJ2	0.009	0.000
HAR-CSJd1	0.022	0.014
HAR-CSJd2	0.039	0.007

注：字体加粗和下划线的数值表示幸存于 MCS 检验。

4.4.5　稳健性检验

为使结论更加可靠和稳健，本章采用在存在噪声时相比 RV 更稳健的已实现核波动率（realized kernel，RK）作为真实波动率的替代变量，其具体表示如下：

$$\mathrm{RK}_t = \sum_{j=-H}^{H} k\left(\frac{H}{H+1}\right)\gamma_j \tag{4-28}$$

$$\gamma_j = \sum_{i=|j|+1}^{n} r_{t,i} r_{t,i-|j|}$$

其中，$k(x)$ 表示 Parzen 核函数，可以写为

$$k(x)=\begin{cases}1-6x^2+6x^3, & 0\leqslant x<1/2\\ 2(1-x)^3, & 1/2\leqslant x\leqslant 1\\ 0, & x>1\end{cases}$$

在市场噪声存在的情况下，为了获得价格二次方差的一致估计，随着样本的增大，必须增大 H。

表 4-6 展示了各波动率模型基于已实现核估计波动率作为真实市场波动率的替代变量的结果。从表 4-6 进一步发现 M14（HAR-RV-PS7），M16（HAR-RV-PS9）和 M18（HAR-S-TC-TJ）在两种损失函数标准下都得以幸存于 MCS 检验。这也进一步证实了本章新提出的波动率具有更优的预测表现，也充分表明了本章所做出的贡献。表 4-6 的实证结论充分表明上述结论是可靠稳定的。

表 4-6　各波动率模型样本外波动率预测值的 MCS 检验结果（基于 RK）

模型类型	HMSE	HMAE
HAR-RV	0.070	0.009
HAR-RV-J	0.044	0.009
HAR-RV-CJ	0.044	0.009
HAR-RV-TJ	0.221	0.073
HAR-S-RV-J	0.070	0.015
HAR-RV-PS1	0.090	0.172
HAR-RV-PS2	0.090	0.015
HAR-RV-PS3	0.070	0.015
HAR-CSJ	0.070	0.009
HAR-CSJd	0.044	0.009
HAR-RV-PS4	0.044	0.015
HAR-RV-PS5	0.196	0.597
HAR-RV-PS6	0.070	0.009
HAR-RV-PS7	0.765	0.597
HAR-RV-PS8	0.070	0.009
HAR-RV-PS9	1.000	0.597
HAR-S-C-CJ	0.044	0.009
HAR-S-TC-TJ	0.765	1.000
HAR-CSJ1	0.196	0.172
HAR-CSJ2	0.044	0.009
HAR-CSJd1	0.044	0.015
HAR-CSJd2	0.070	0.015

第5章 非常规突发事件对金融市场影响研究：基于变结构的视角

5.1 非常规突发事件与金融市场

5.1.1 非常规突发事件概述

众所周知，非常规突发事件会造成资本市场避险情绪回升，投资者短期套利行为引起金融市场价格异常波动，事件爆发前后金融市场的联动关系会发生显著性改变。非常规突发事件这一概念目前并没有统一定义，但一般常指发生概率小的事件，因此具有发生的瞬间性、爆发的偶然性、发展的不确定性以及后果的危害性等典型特征。进入21世纪以来，非常规突发事件另有一些明显的特征。首先，社会性非常规突发事件爆发日益频繁，不可预料性显著上升。如美国的“9·11”事件等。其次，灾害后果的严重性、广泛性、破坏性、持续性和连锁性，经济危害性不断加大。以汶川地震为例，地震造成上万人伤亡，财产损失也以千亿元计。最后，非常规突发事件的应对难度很大。这类事件发生的条件、原因、社会环境以及影响因素非常复杂，解决难度较大。然而，事件发生后信息不全、管理混乱、涉及范围广，很难有效应对。

5.1.2 非常规突发事件对金融市场影响概述

1. 研究意义

非常规突发事件会引起经济的波动和社会发展的不稳定，同时它引发的风险会迅速传导到金融市场上，对市场产生迅猛巨大的冲击影响。Karolyi 和 Martell（2006）研究了1995～2002年的75个恐怖袭击事件，发现事件当天的异常收益率非常显著，达到–0.83%，每次恐怖袭击平均市值损失为4.01亿美元。赵静梅等（2014）研究了天灾和人祸对股价的影响，发现“5·12”地震给四川上市公司造成了397.46亿元的异常损失，“4·14”地震为47.25亿元，“3·14”事件为8.38亿元。因此，需要对非常规突发事件对金融市场冲击影响的机理、存在性及特征等进行科学而系统的研究探索。具体来说，研究意义如下。

（1）国家维持金融安全稳定工作的需要。过去十年是国际和国内非常规突发事件集中频繁爆发的十年：2011 年日本福岛核泄漏、2013 年美国波士顿爆炸案、2016 年英国脱欧公投事件等。世界银行发布的《全球经济展望》（2016 年 6 月）表示，当前非常规突发事件对现行金融监管在保证金融体系整体安全和稳定方面提出了新的挑战。2016 年末的中央经济工作会议中，习近平指出当前金融风险在股市、债市、房地产和跨境资本流动等领域轮动，很难指明一个特定领域的风险点，因此要把防控金融风险放到更加重要的位置，提高和改进监管能力，确保不发生系统性金融风险。这些事实表明，防范化解风险是金融发展的永恒主题。金融安全直接关乎国家经济社会稳定大局，必须把维护金融安全稳定放在首要位置。

金融市场是维持金融安全的基本对象，是金融风险爆发与扩散的主要载体。但在非常规突发事件冲击下，金融市场价格大幅度的跳跃变化会剧增金融风险集聚及扩散的可能性。相较于欧美发达国家的金融市场，中国资本市场是成立不久的新兴市场，运行机制的不成熟、管理制度的不完善、国内投资者的素质普遍不高等是造成中国金融市场稳定性和有效性较低的内在因素。因此，非常规突发事件能对中国金融市场造成更为猛烈的冲击。所以，认识金融市场对非常规突发事件爆发时维持国家金融安全和稳定，监控和预警金融市场风险的爆发与扩散有着积极而有效的作用。

（2）构建多层次资本市场，提高金融资源配置效率的需要。金融市场是进行金融资源配置的核心场所。Fama（1970）指出在有效的市场中，市场价格能及时、准确和全面地反映所有公开的信息，资金在价格信号的引导下迅速、合理地流动。这样通过金融市场联动关系及价格互动变化，引导资金在市场之间的流动，实现金融资源的二次配置。因此金融市场良好的联动关系会积极有效地引导金融资源配置和社会资金流动，进而促进金融市场整体发展和维持金融体系的健康运行。

但是，非常规突发事件的爆发会对金融市场价格产生显著影响，进而使市场上资金的流向产生剧烈变化，最后直接影响金融市场资源配置效率。当前我国金融制度及结构性矛盾的存在导致整个社会资金分配运用的结构畸形和低效率，严重影响市场风险的有效分散和金融资源的合理配置。《中华人民共和国国民经济和社会发展第十三个五年规划纲要（2016—2020 年）》强调要健全分层有序、品种齐全、功能互补、规则统一的金融市场体系，全面推进货币、股票、债券、期货等市场建设及市场之间的协调发展，加快完善多层次资本市场体系。因此，探讨金融市场在非常规突发事件下的变化特征有利于弄清金融市场的发展现状及规律，评价分析非常规突发事件爆发时市场之间金融资源的配置效率，为协调金融市场健康发展提供基础研究材料和政策参考。

（3）完善金融市场波动理论的需要。金融市场波动研究是金融市场理论研究的重要组成部分。由于金融一体化全球进程的加速，单个市场的价格波动较以往能更快地传递到其他市场，这样金融市场之间价格波动变化就具有更强的趋同特征。目前学术界虽然对金融市场联动性的产生机理、存在条件及波动特征等积累了丰富的研究成果。但是在一些极端政治或经济事件的影响下，金融市场的收益率、波动率及市场之间的联动特征可能会出现结构性的突变。

当前从宏观层面来看，国际经济金融形势不容乐观，全球经济增长乏力，世界主要经济体货币政策分化加剧，国际经济和政治利益格局不断调整，各国必然引发新的利益冲突。从企业层面来看，非常规突发事件会给企业经营带来巨大不确定性，影响企业未来经济发展预估和中长期投资决策行为，进而会进一步影响企业利润和股价。从投资者层面来看，非常规突发事件会使得投资者避险情绪回升，对风险资产偏好降低，而黄金等避险资产将短期受宠，因此投资者投资组合行为会改变。所以，要更完整地描述金融市场的波动特征，非常规突发事件影响下金融市场的影响就是必须要研究的重要内容之一。特别是在 21 世纪非常规突发事件频繁爆发的背景下，这种研究显得更为重要。但是，如何构建非常规突发事件影响下金融市场波动模型，同时能充分反映金融市场之间非线性、非对称性及时变特征？如何进行相应模型的参数估计、拟合优度检验等？都需要进行大量的理论推导和实证研究。

2. 国内外研究现状

1）关于非常规突发事件对金融市场影响的较早研究（2013 年之前）

非常规突发事件会引起经济波动及社会的不稳定性，它所产生的巨大冲击会通过实体经济或虚拟经济等迅速影响金融市场波动。由于这种冲击的突然性及剧烈性，它通常会造成金融市场巨大的震荡波动。Niederhoffer（1971）率先研究了肯尼迪遇刺和朝鲜战争等危机事件对股票价格的影响。当前，虽然有部分研究认为非常规突发事件不一定引起股票市场显著异常冲击（Chen and Siems，2004），但学术界都普遍认同非常规突发事件能对主要金融市场波动产生显著影响，并且当前研究主要集中在这种影响存在性检验及强弱分析上。目前研究方法主要包括以下类型。

（1）事件研究法。在确定了非常规突发事件发生日期及事件窗口后，采用收益率定价模型等，对时间窗内股票的异常收益进行显著性检验，观察非常规突发事件是否引起了市场价格显著的正向或负向波动以及多少交易日之后价格开始反弹（Essaddam and Karagianis，2014；Nikkinen et al.，2008）。

（2）干预分析模型。虽然事件研究法使用最为广泛，但是它在选取极端冲击反应时间及回复时间长度等方面存在不足；因此当前不少学者利用干预分析方法测算事件冲击的反应时间。这种方法在获得事件冲击的异常收益率后，通过干预影响建立包含突发事件因信息消化而衰减过程的时间序列模型。最后根据时间序列的平稳特征估计得到突发事件的影响周期（Charles and Darné，2005）。

（3）加入虚拟变量的线性回归模型或 GARCH 族模型。这种方法能克服上述两种方法在刻画事件对金融市场的冲击强度方面的不足。一般首先建立市场收益率波动的影响模型，其次在影响方程中增加包含事件发生与否的虚拟变量，然后通过检验虚拟变量系数的显著性来判断非常规突发事件是否对市场收益率造成影响，特别是通过系数值大小来反映冲击的强度特征（Kollias et al.，2011）。

2）关于非常规突发事件对金融市场影响的最新进展（2013～2018 年）

较早的文献已经普遍证实了非常规突发事件对金融市场的影响，因此近几年主要从以下方面进行了拓展研究。

（1）非常规突发事件对金融市场联动关系的影响研究。传统研究一般仅考虑非常规突发事件对某单个金融市场的影响，还没有考虑事件对不同市场关系的影响。但是以 Kollias 等（2013a）为代表的研究开始关注事件冲击对金融市场联动性的影响。不仅如此，他们对冲击影响的研究更为具体化。Omrane 等将影响冲击分为直接和间接两种形式，验证了非常规突发事件会对金融市场波动产生直接影响和间接影响。

（2）增加了非常规突发事件对金融市场投资者情绪的冲击影响分析。非常规突发事件的巨大危害性会对市场中的投资者产生明显的心理冲击，进而影响投资者的投资决策行为。因此，部分研究开始探讨突发事件、金融市场价格与投资者情绪之间的关系，试图从非常规突发事件影响投资者情绪的路径解释非常规突发事件如何影响金融市场的波动（Urquhart and Hudson，2016）。

（3）采集高频金融数据研究分析。为了增加样本容量，高频数据加细了取样间隔，特别适合事件研究法的时间窗口仅有前后几天的情形，实现大样本推断。但是为了避免过高频率采样下微结构噪声的影响，现有模型一般采用的时间间隔为 5min 或 10min 的高频金融数据（Kollias et al.，2013b）。

（4）选取非常规突发事件所影响的对象更加细致。较早的文献研究主要探讨非常规突发事件对世界主要证券市场（如美国、日本等）的影响，同时一般都考虑事件对金融市场整体层面的影响分析。近几年，为了更清晰地分析事件的影响特征，许多研究都开始考虑非常规突发事件对特定类型公司层面的影响，如 Apergis E 和 Apergis N（2016）研究了“11·13”巴黎恐怖袭击对全球 24 家安保公司股价的影响。同时，不少研究对象也从成熟证券市场拓展到对新兴国家证券市场的研究中（Mnasri and Nechi，2016）。

相比较而言，国内的相关研究在研究范围、方法等方面与国外相比都有不小的差距。研究主要集中探讨国家宏观政策（史代敏，2002；杨继平等，2012；郝清民和郑鹤，2015）、国内外近期一些突发事件（郭文旌等，2013；杨欣和吕本富，

2014；赵静梅等，2014）对金融市场的影响。但这些研究都主要从实证角度去检验分析，得出的结论也仅说明了重大事件或突发事件对中国股票市场等影响的存在性，还未展开对非常规突发事件冲击下金融市场影响的深入研究。

5.2　非常规突发事件对金融市场收益率影响的存在性研究

5.2.1　基于时间序列异常点诊断的存在性检验

本节采用时间序列异常点探测方法，研究非常规突发事件对金融市场收益率的冲击影响。

时间序列异常点是指偏离序列整体模型的值，这些点通常在建模过程中被当成噪点而忽略，但这些点中往往包含了很重要的信息，遗漏这些重要信息是非常不合理的。时间序列数据本质上是观察值，除了可能的书写错误，时间序列很容易受到一些突然发生的非常规突发事件的影响。时间序列异常点最早是由 Fox（1972）提出的，他将异常点分为两类并运用扩展的似然比检验统计方法来检验 AR 模型中的异常点。随着时间序列异常点检测的不断发展，越来越多的方法不断提出，其中大量方法都是基于 ARIMA 模型的，经过前人的不断研究，基于 ARIMA 模型的异常点探测已经发展较为成熟。这相关的一系列方法都是在最早由 Box 和 Tiao（1975）提出的干预模型的基础上拓展开的，Tsay（1988）将时间序列异常点的类型扩展到了四类，Chen 和 Liu（1993）在已有方法的基础上提出了迭代探测异常点的方法使得结果更加精确，这也是目前运用较广的方法。

本节采用 Chen 和 Liu（1993）提出的时间序列异常点探测方法来研究非常规突发事件对外金融市场收益率的影响，从收益率序列中异常点所包含的信息来分析事件对序列的冲击。

下面详细介绍方法的理论过程。

1. 基本模型

定义：假设一元时间序列服从 ARIMA(p, d, q)模型，为了表述简便，这里不考虑常数项，模型表示为

$$\alpha(B)\phi(B)y_t = \theta(B)\varepsilon_t \tag{5-1}$$

其中，B 为滞后算子，满足 $B\varepsilon_t = \varepsilon_{t-1}$；$\varepsilon_t$ 为白噪声过程；$\alpha(B)$、$\phi(B)$、$\theta(B)$ 分别为 d 阶、p 阶和 q 阶滞后算子多项式；$\alpha(B)$ 的所有单位根都在单位圆上，而 $\phi(B)$ 和 $\theta(B)$ 的所有单位根都在单位圆外。

假设有异常点的观察序列可以由以下模型表示：

$$y_t^* = y_t + \sum_{i=1}^{m} \omega_i v_i(B) I_t(\tau_i) \tag{5-2}$$

其中，$\{y_t^*\}$ 为实际观察序列，$\{y_t\}$ 为标准 ARIMA 序列，$\sum_{i=1}^{m} \omega_i v_i(B) I_t(\tau_i)$ 为异常扰动部分，m 为异常点个数，ω_i 为第 i 个异常点的影响程度，$v_i(B)$ 为第 i 个异常点影响的动态过程，$I_t(\tau_i)$ 为一个表示异常点出现的指示函数，即 τ_i 为未知的异常点可能的位置：

$$I_t(\tau_i) = \begin{cases} 1, & t = \tau_i \\ 0, & t \neq \tau_i \end{cases} \tag{5-3}$$

2. 异常点分类

按照 Tsay（1988）的相关研究，异常点分为四种类型，四种类型异常扰动对序列分别产生不同动态模式的影响。

1）AO（加性异常点类型）

$$v(B) = 1 \tag{5-4}$$

这类异常点类型表示孤立的异常点，仅影响当前的位置，影响一次就结束了，对后续的序列无影响。

2）IO（新息异常点类型）

$$v(B) = \frac{\theta(B)}{\alpha(B)\phi(B)} \tag{5-5}$$

这类异常点类型表示长期持续性的异常影响，序列不仅在异常点出现的当期会有异常扰动，后续也会受到该异常点的影响，而影响的程度在不断变化，取决于 $v(B)$ 的作用。

3）LS（水平变化异常点类型）

$$v(B) = \frac{1}{1-B} \tag{5-6}$$

这类异常点类型表示永久性的固定异常影响，序列在异常点出现开始会一直受到相同且不变的异常影响，而影响的程度为 ω，即异常点出现时的异常程度。

4）TC（短暂变化异常点类型）

$$v(B) = \frac{1}{1-\delta B} \tag{5-7}$$

这类异常点类型表示持续递减的异常影响，序列在异常点出现的当期会受到 ω 程度的影响，后续的序列也会受到该异常点的影响，但影响程度是以 δ 的指数衰减的，直至影响程度消失；TC 类型是 AO 类型和 LS 类型的特例，δ 取值为 0 时即为 AO 类型，δ 取值为 1 时即为 LS 类型，通常 δ 取值为 0.7。

3. 异常点诊断

首先定义滞后算子多项式：

$$\pi(B)=\frac{\alpha(B)\phi(B)}{\theta(B)}=1-\pi_1 B-\pi_2 B^2-\cdots \tag{5-8}$$

于是，受异常点影响的残差估计 ε_t^* 可表示为

$$\varepsilon_t^*=\pi(B)y_t^* \tag{5-9}$$

未受影响的残差 ε_t 可表示为

$$\varepsilon_t=\pi(B)y_t \tag{5-10}$$

则四种类型的异常点公式转变为

$$\text{AO：}\ \varepsilon_t^*=\varepsilon_t+\omega_{\text{AO}}\pi(B)I_t(\tau) \tag{5-11}$$

$$\text{IO：}\ \varepsilon_t^*=\varepsilon_t+\omega_{\text{IO}}I_t(\tau) \tag{5-12}$$

$$\text{LS：}\ \varepsilon_t^*=\varepsilon_t+\omega_{\text{LS}}[\pi(B)/(1-B)]I_t(\tau) \tag{5-13}$$

$$\text{TC：}\ \varepsilon_t^*=\varepsilon_t+\omega_{\text{TC}}[\pi(B)/(1-\delta B)]I_t(\tau) \tag{5-14}$$

四种类型的异常点可统一表示为

$$\varepsilon_t^*=\varepsilon_t+\omega_i x_{i,t},\ t=\tau,\tau+1,\cdots,n,\quad i=\{\text{AO,IO,LS,TC}\} \tag{5-15}$$

$$x_{\text{AO},t}=\begin{cases}0, & t<\tau\\ 1, & t=\tau\\ -\pi_k, & t=\tau+k,k\geqslant 1\end{cases}$$

$$x_{\text{IO},t}=\begin{cases}0, & t<\tau\\ 1, & t=\tau\\ 0, & t=\tau+k,k\geqslant 1\end{cases}$$

$$x_{\text{LS},t}=\begin{cases}0, & t<\tau\\ 1, & t=\tau\\ 1-\sum_{m=1}^{k}\pi_m, & t=\tau+k,k\geqslant 1\end{cases}\quad x_{\text{TC},t}=\begin{cases}0, & t<\tau\\ 1, & t=\tau\\ \delta^k-\sum_{m=1}^{k-1}\delta^{k-m}\pi_m-\pi_k, & t=\tau+k,k\geqslant 1\end{cases}$$

式（5-15）可以视为一个线性回归过程，由最小二乘法可以得到估计值，有

$$\hat{\omega}_i(\tau)=\frac{\sum_{i=\tau}^{n}\varepsilon_t^* x_{i,t}}{\sum_{i=\tau}^{n}x_{i,t}^2},\quad \text{Var}(\hat{\omega}_i(\tau))=\frac{\hat{\sigma}_\varepsilon^2}{\sum_{i=\tau}^{n}x_{i,t}^2} \tag{5-16}$$

构造似然比统计量对异常点进行探测，原假设为时刻 τ 不是异常点，检验统计量为

$$\lambda_i(\tau)=\frac{\hat{\omega}_i(\tau)}{\sqrt{\mathrm{Var}(\hat{\omega}_i(\tau))}},\quad i=\{\mathrm{AO,IO,LS,TC}\} \tag{5-17}$$

按照上述思想，Chen 和 Liu（1993）异常点探测方法具体步骤如下。

步骤 1：对数据（第一次用原始序列数据，开始循环后用调整后序列数据）进行 ARIMA 模型拟合，用最大似然方法估计模型的参数。

步骤 2：用步骤 1 获得的残差数据，通过式（5-17）依次计算出四种异常点类型从时刻 1 到时刻 n 的所有似然比统计量，找出所有时刻四种异常点类型统计量中的最大值 $\lambda_{\mathrm{type}}(t)=\max\{|\lambda_{\mathrm{AO}}(t)|,|\lambda_{\mathrm{IO}}(t)|,|\lambda_{\mathrm{LS}}(t)|,|\lambda_{\mathrm{TC}}(t)|\}$，若最大的统计量 $\lambda_{\mathrm{type}}(t)$ 大于所设阈值，则认为该时刻 t 出现了异常，且为对应的类型。

步骤 3：根据已发现异常点的类型消除该异常点的影响，再回到步骤 2 寻找异常点，直至无异常点可发现。

步骤 4：重新计算已探测到的 m 个异常点的 $\hat{\omega}_i(\tau)$ 以及似然比统计量，若所有统计量中最小值小于所设阈值（大小同步骤 2 中一致），则删除该异常点，再重新计算剩余的 $m-1$ 个异常点的 $\hat{\omega}_i(\tau)$ 以及似然比统计量，直至没有统计量小于所设阈值。

步骤 5：调整序列，消除所有异常点的影响，获得调整后的序列数据，回到步骤 1，用新的估计参数和残差通过式（5-16）计算每个异常点的影响 ω_i。

上述步骤中，阈值常选取为 10，表示金融时间序列异常值判断的低敏度值。

5.2.2 非常规突发事件选取与描述性统计

1. 非常规突发事件选取

目前，不少学者已探讨了非常规突发事件对股票市场、债券市场、能源市场的冲击影响。然而关于外汇市场的研究很少受到学术界的关注。显然，厘清外汇市场在非常规突发事件影响下的变化特征，能更加清晰地认识外汇市场的波动规律，规避外汇市场风险，对维护外汇市场健康稳定，维护国家金融稳定和经济安全有着重要启示。特别是在 21 世纪重大突发事件频繁爆发的背景下，这种研究显得更为重要。以 2016 年英国公投脱欧事件为对象，深入研究它对英镑、欧元、日元、瑞士法郎及人民币汇率收益率一阶矩和波动二阶矩的影响，对这种影响的存在性、强度和模式等都进行了探索研究，最后也分析了公投脱欧事件对汇率之间关系的影响。拟解决以下问题：国际外汇市场是否受到公投脱欧事件的显著影响？不同汇率受公投脱欧事件影响的反应如何？这种影响程度及模式该如何测度？受到公投脱欧事件影响后汇率之间的相互关系发生了什么改变？

2. 描述性统计

选取英镑、欧元、日元、瑞士法郎、人民币等货币兑美元汇率，这里均采用间接标价法。英国和欧盟是本次公投脱欧事件的主角；选择日元和瑞士法郎是为了分析此次事件影响下避险货币的表现；选择人民币是为了研究其在国际化趋势下对“国际黑天鹅事件”的反应水平。采用事件研究法研究公投脱欧事件对国际汇率的影响。由于投票是从 2016 年 6 月 23 日开始，历时 24 小时，参考赵静梅等（2014）的研究，这里选择英国公投脱欧开始时间——2016 年 6 月 23 日 7 点（当地时间）为本次事件发生时间点。由于汇率波动影响因素复杂，为了保证在其他因素不变的条件下独立考虑本次事件的影响，选取事件前后五天的汇率数据进行研究。

与低频数据相比，高频数据有着更为丰富的信息量。特别对于公投脱欧事件来说，随着公投信息的不断更新，汇率也实时变化。若采用低频数据，难以反映公投脱欧事件对外汇市场冲击影响的全过程。因此，公投脱欧事件下信息量丰富的高频金融数据为我们理解、度量和估计外汇波动提供了优势和可能。由于时间窗口期较短，这里采集了周期为 30min 的高频汇率数据为研究对象，得到 528 组数据（数据来源：LondonFX 外汇平台）。

首先计算英镑、欧元等货币兑美元汇率的对数收益率，计算公式如下：

$$R_{i,t}=100[\ln(p_{i,t})-\ln(p_{i,t-1})],\quad i=1,2,\cdots,5;t=1,2,\cdots,n \tag{5-18}$$

其中，$R_{i,t}$为收益率，$p_{i,t}$和 $p_{i,t-1}$ 分别为 t 和 t–1 时间点的价格，i = 1, 2, ···, 5 为不同的外汇价格。

表 5-1 列出了上述汇率收益率的基本统计特征。比较而言，日元汇率的收益率最高，英镑汇率的收益率最低；英镑汇率的波动幅度最显著，而人民币汇率波动幅度最小。这些国家收益率均非对称，英镑、欧元和人民币的偏度为负，意味着更多受到负向冲击，收益率分布左部比右部厚；而日元和瑞士法郎收益率的偏度为正，意味着更多受到正向冲击。J-B 统计量说明收益率均不服从正态分布。ADF 单位根检验结果说明所有序列均平稳。$Q(5)$表示滞后 5 阶的 Ljung-Box 统计量，相关结果说明收益率存在明显的自相关性。同样地，$Q^2(5)$和 $Q^2(10)$的检验结果说明收益率具有显著 ARCH 效应。因此，应该引入 GARCH 族模型描述收益率波动特征。

表 5-1　描述性统计量

	英镑	欧元	日元	瑞士法郎	人民币
均值	–0.011	–0.002	0.005	0.003	–0.003
标准差	0.326	0.138	0.17	0.116	0.041
偏度	–3.340 3	–1.395	3.769	1.044	–0.252 4
超出峰度	35.054	14.207	38.57	10.303	9.62
J-B 统计量	27 962***	4 603.4***	3 3913***	2 427.0***	2 037.7***

续表

	英镑	欧元	日元	瑞士法郎	人民币
ARCH	36.169***	56.034***	17.583***	22.248***	82.872***
$Q(5)$	96.085***	122.24***	40.422***	57.335***	134.274***
$Q(10)$	50.587***	65.029***	48.136***	26.822***	28.277***
$Q^2(5)$	96.085***	122.246***	40.423***	57.335***	134.274***
$Q^2(10)$	219.567***	191.709***	124.102***	91.281***	162.282***
ADF	−10.489**	−11.591**	−11.829**	−15.827**	−12.948**

注：***，**分别表示在 1%和 5%的水平下显著。

5.2.3 英国公投脱欧事件对国际外汇市场影响的存在性研究

根据 5.1 节的方法对英镑兑美元、欧元兑美元等汇率收益率序列进行异常点诊断，具体结果见表 5-2。表 5-2 分别列出了异常点发生时刻、类型、影响值及检验统计量。结果看到，所有的汇率收益率都受到公投脱欧事件影响而出现了显著异常波动，不同时刻异常点的类型也有所差别，但主要以 IO 和 TC 类型为主；根据影响值的正负性和大小可以推断公投脱欧事件对汇率收益率影响产生冲击方向及强度；最后，检验统计量说明表 5-2 的异常点都在统计意义下显著存在。

表 5-2 异常点探测结果

外汇	异常点发生时刻		异常点类别	强度	统计量
英镑	6 月 23 日	23 点	IO	−0.019	−12.48
	6 月 24 日	2 点	TC	−0.027	−21.52
	6 月 24 日	**2 点 30 分**	**IO***	**−0.029**	**−19.27**
	6 月 24 日	4 点	AO	−0.015	−10.17
	6 月 24 日	4 点 30 分	TC	0.014	11.28
	6 月 24 日	5 点 30 分	AO	0.020	13.48
	6 月 26 日	21 点	AO	−0.018	−11.85
欧元	**6 月 24 日**	**2 点**	**TC***	**−0.010**	**−14.92**
	6 月 24 日	2 点 30 分	IO	−0.010	−11.73
	6 月 24 日	7 点 30 分	AO	0.007	10.61
日元	6 月 23 日	23 点	AO	0.011	11.42
	6 月 24 日	2 点	TC	0.011	14.76
	6 月 24 日	**2 点 30 分**	**IO***	**0.016**	**16.70**
	6 月 24 日	4 点	TC	−0.007	−11.19
	6 月 24 日	5 点 30 分	AO	−0.010	−10.64

续表

外汇	异常点发生时刻		异常点类别	强度	统计量
瑞士法郎	6 月 23 日	**21 点 30 分**	**IO***	**0.007**	**10.63**
	6 月 24 日	19 点 30 分	IO	0.007	10.14
人民币	6 月 21 日	14 点	TC	–0.002	–12.34
	6 月 21 日	14 点 30 分	IO	–0.002	–10.05
	6 月 27 日	**19 点**	**TC***	**0.003**	**10.95**

注：表中*表示不同汇率收益率序列中最大影响程度的异常点；

公投结果时间安排：从 6 月 23 日 23：00 左右开始公布登记选民投票结果，6 月 24 日 00：30 左右公布首批投票结果，直至 6 月 24 日 7：00 左右公布最终结果。

对于英镑汇率，在样本期内异常点个数最多，同时异常点对汇率主要产生了负面影响。在所有收益率中，英镑受本次事件影响程度最大，而且根据最大影响异常点类型 IO 可以看到，公投脱欧事件对汇率变化产生了长期持续性影响。由于英国是此次公投脱欧事件的主角，故英镑汇率影响程度最大。在公投之前，全球主要外汇市场没有发生大幅度的波动，说明市场本身并没有及时反映公投脱欧事件进程对外汇的影响。因此，当公投结果出来后外汇市场剧烈动荡，由于脱欧对英国资本服务的跨境流动、商品贸易往来以及人力资本的自由流动等有显著影响，对未来英国国际金融中心的地位也影响显著，因此投资者对英国未来经济前景表现出强烈的不确定性，导致市场避险情绪上涨，利空英镑，导致英镑汇率剧烈下跌。

由于欧盟也是本次公投脱欧事件的主角之一，因此欧元汇率在样本期内也出现了以 IO 和 TC 为主的负向异常冲击，说明本次事件对欧元汇率的影响也会持续。公投脱欧事件导致欧盟内部不稳定性进一步增加，其在全球的影响力将被削弱。欧盟是英国第一大进口来源经济体，占英国进口总额的 52.3%。本次公投脱欧事件将给增长乏力、通胀低迷的欧洲经济带来进一步的不确定性。

对于日元和瑞士法郎这两种避险汇率来说，全球金融市场剧烈动荡引发了外汇市场短期避险情绪的升温，其收益率出现了正向异常波动，异常点类型也以 IO 和 TC 为主，说明这种影响也伴随着一定的持续性。作为传统的避险货币瑞士法郎出现了被投资者避险需求骤增而大幅上涨的情况，但整体上它没有日元汇率震荡剧烈。日元本身的利率极低，又属于自由兑换的货币，而且日本的金融市场成熟稳定，投资者购买日元后出现暴跌的可能性较小，因此在欧美市场整体表现不稳定的情况下，日元作为一种避险货币被大量买入最终导致暴涨。

虽然人民币汇率收益率在公投脱欧之前的 6 月 21 日出现了异常波动，但当天收益率大幅变化主要和美联储加息预期的负溢出效应影响更为密切，故该异常值不在考虑范围内。而在英国公投脱欧之后的 6 月 27 日，人民币汇率才出现了显著性的正向上涨，且其强度远低于其他货币汇率收益率的变动。受英国公投脱欧事件影响，英镑、欧元下调，美元走强，进而引发人民币对人民币汇率的震荡。但是相比而言，人民币货币在国际外汇市场上还处于初级水平。由于人民币国际化的进展缓慢，从本次事件可见人民币汇率与成熟国际外汇市场关联性不够密切，对国际重大突发事件反应不够迅速。

同时，图 5-1 显示了本次事件对不同外汇收益率的冲击特征。可以发现公投脱欧事件对国际外汇市场的影响最主要集中在正式公布公投结果前（6 月 23 日晚上到 6 月 24 日凌晨）。除了人民币汇率，其余汇率的异常影响都出现在正式结果公布之前，说明多数外汇市场根据实时公布的公投结果迅速做出了反应，投资者在结果逐渐明朗的情况下，迅速做空英镑和欧元，偏向日元、瑞士法郎等避险资产。而人民币由于国际化水平较低，直至 6 月 27 日，汇率收益率才表现出第一个显著的异常反应。

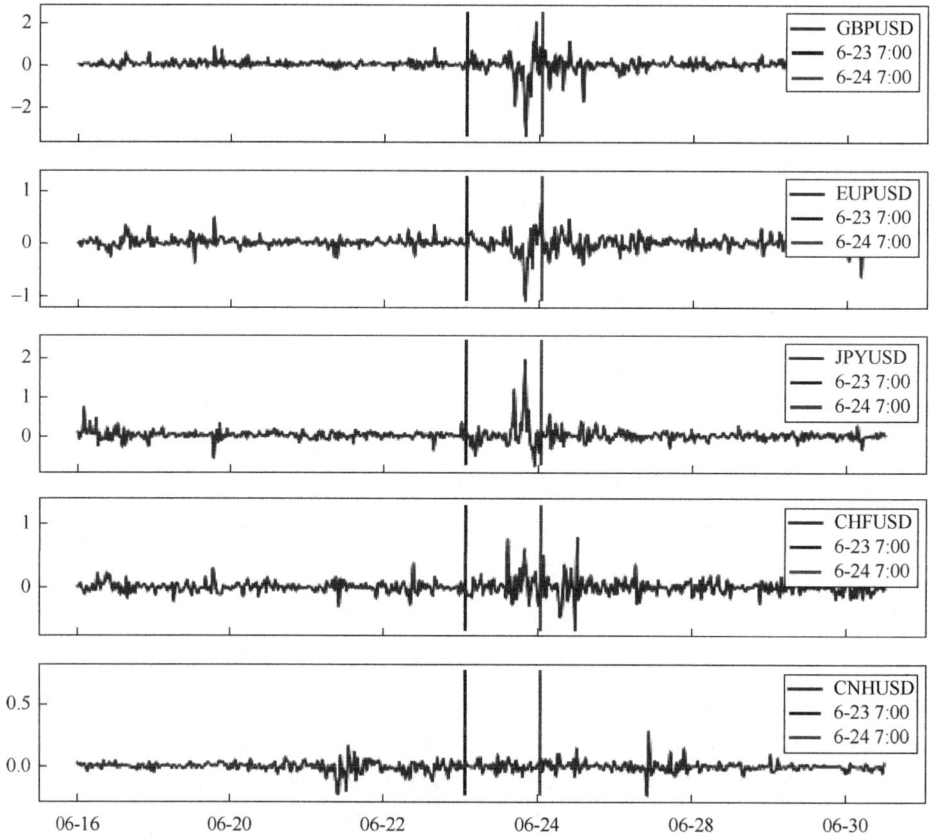

图 5-1　公投脱欧事件对外汇收益率的冲击过程

因此，可以看到国际外汇市场受到公投脱欧事件显著影响表现出强烈的震荡波动。究其主因，在于外汇作为国际性流动的资产，由于重大突发事件的不可预知性，在市场无法预期的情况下其风险压力剧增。同时，由于流动速度偏高，汇市在未来政治、经济等方面面临不确定时剧烈波动。进一步，重大突发事件作为一种短暂性外生冲击，影响了投资者的心理预期，投资者的认知偏差、过度反应、羊群行为等都加剧了短期的套期保值行为，推动了汇率价格的波动。

为了说明表 5-2 结果的稳健性，扩大样本容量，选择 6 月 23 日 7 点前后十天的汇率数据进行研究。同样采集周期为 30min 的高频汇率数据，利用 5.2.1 节的方法进行公投前后收益率异常波动点的诊断，具体结果见表 5-3。表 5-3 列出了 6 月 23 日前后五天和前后十天两种情况下，不同样本量的估计结果。从结果可见异常点诊断的稳健性较高，没有因为样本区间的增加而导致异常点发生时刻和数目产生显著的变化。从数据对比来看，英镑、欧元、日元的最大冲击主要集中在 6 月 24 日凌晨 2 点，所有研究的外汇中最早和最晚受到冲击影响的分别是瑞士法郎和人民币。

表 5-3　不同样本区间异常点诊断结果

时间窗口期	外汇	最早冲击			最大冲击		
		最早影响时间		程度	最大影响时间		程度
±5 天	英镑	6 月 23 日	23 点	–0.019	6 月 24 日	2 点 30 分	–0.029
	欧元	6 月 24 日	2 点	–0.010	6 月 24 日	2 点	–0.010
	日元	6 月 23 日	23 点	0.011	6 月 24 日	2 点 30 分	0.016
	瑞士法郎	6 月 23 日	21 点 30 分	0.007	6 月 23 日	21 点 30 分	0.007
	人民币	6 月 27 日	19 点	–0.003	6 月 27 日	19 点	–0.003
±10 天	英镑	6 月 23 日	22 点 30 分	–0.012	6 月 24 日	2 点 30 分	–0.029
	欧元	6 月 24 日	0 点 30 分	–0.005	6 月 24 日	2 点	–0.010
	日元	6 月 23 日	23 点	0.011	6 月 24 日	2 点 30 分	0.017
	瑞士法郎	6 月 23 日	21 点	0.007	6 月 23 日	21 点	0.007
	人民币	6 月 27 日	19 点	–0.003	6 月 27 日	19 点	–0.003

5.3　非常规突发事件对金融市场收益率波动性影响研究

5.3.1　变结构 GARCH 模型构建

金融市场收益率的波动性往往会随时间推移而变化，这种波动性的不确定一般是用方差进行描述的，考虑方差持续的变化，Engle（1982）提出了自回归条件异方差模型（ARCH），随后 Bollerslev（1986）对 ARCH 模型进行了拓展，在 ARCH 模型的基础上提出了广义自回归条件异方差模型（GARCH）。自此之后，GARCH 模型的各种变化形式不断涌现，用于刻画收益率序列的波动性。

在实际研究中，人们常发现 GARCH（1，1）模型的 ARCH 项参数α与条件方差项参数β之和接近于 1，Engle 和 Bollerslev（1986）称为波动持续性，即当前的信息对未来波动的影响不会随着时间的推移而衰退。现有的研究表明大量的金融序列使用 GARCH 模型进行拟合时序列的波动性会呈现高持续性。Diebold（1986）第一个提出 GARCH 模型对状态发生改变的时间序列进行拟合时，序列的波动持续性会被高估。Timmermann（2001）通过研究发现，具有结构变化的时间序列如果用一般的 GARCH 模型进行拟合会导致序列表现出波动持续性，这样的拟合是错误的。Hillebrand（2005）通过研究发现如果用一个单一的 GARCH 模型估计一个条件方差发生了结构性变化的时间序列，模型估计的自回归参数之和会严重趋近于 1，尤其经常出现在金融时间序列中，Hillebrand 将这种忽略了模型参数出现变化而用单一的 GARCH 模型估计序列造成的波动持续性称为伪持续性。因此，有学者对 GARCH 模型进行了推广，将结构变点引入 GARCH 模型中。这里依据李松臣和张世英（2006）的相关研究，称加入了结构变点的 GARCH 模型为变结构 GARCH 模型。

变结构 GARCH(1, 1)模型表示为

$$y_t = \mu + \phi_1 y_{t-1} + \phi_2 y_{t-2} + \cdots + \phi_m y_{t-m} + u_t \quad (5\text{-}19)$$

$$u_t = \sqrt{h_t}\varepsilon_t, \varepsilon_t \sim N(0,1) \quad (5\text{-}20)$$

$$h_t = c + c_1\text{dum}_1 + c_2\text{dum}_2 + \cdots + c_{k-1}\text{dum}_{k-1} + \alpha u_{t-1}^2 + \beta h_{t-1} \quad (5\text{-}21)$$

其中，$\text{dum}_1,\cdots,\text{dum}_{k-1}$ 表示 k–1 个虚拟变量，分别为 k–1 个结构变点，满足：

$$\text{dum}_1 = \begin{cases} 0, & t < t_1 \\ 1, & t \geqslant t_1 \end{cases}, \cdots, \text{dum}_{k-1} = \begin{cases} 0, & t < t_{k-1} \\ 1, & t \geqslant t_{k-1} \end{cases} \quad (5\text{-}22)$$

k–1 个结构变点将全样本划分成了 k 个阶段，k 个阶段的参数发生了变化。将式（5-21）改写成如下表达式：

$$h_t(\theta_i) = \omega_i + \alpha u_{t-1}(\theta_i)^2 + \beta h_{t-1}(\theta_i), \quad i = 1,2,\cdots,k;\ t = N_{i-1}+1,\cdots,N_i \quad (5\text{-}23)$$

其中，$N_0 = 0, N_k = N$ 为样本量，且满足 $\omega_i = c + \sum_{j=2}^{i} c_{j-1}$，参数 $\theta_i = \{\omega_i, \alpha, \beta\}$。

于是，各阶段的无条件方差为

$$E_{(i)}h_t = E(h_t / I_{N_{i-1}}) \approx E(h_t(\theta_i)) = \frac{\omega_i}{1-\lambda} \quad (5\text{-}24)$$

其中，$\lambda = \alpha + \beta$。

假设对参数有变化，满足式（5-23）的序列用 GARCH(1, 1)模型估计，得到波动方程为

$$h_t = \hat{c} + \hat{\alpha} u_{t-1}^2 + \hat{\beta} h_{t-1} \tag{5-25}$$

同时，满足式（5-23）的序列的样本条件方差均值和干扰项平方均值为

$$\begin{aligned} \bar{h} &= \frac{1}{N}\sum_{i=1}^{k}(N_i - N_{i-1})E(h_t(\theta_i)) + o(1)_N \\ \bar{u}^2 &= \frac{1}{N}\sum_{i=1}^{k}(N_i - N_{i-1})E(h_t(\theta_i)) + o(1)_N \end{aligned} \tag{5-26}$$

将样本均值 $\bar{h}$ 和 $\bar{u}^2$ 代入式（5-25）中得

$$h_t - \bar{h} = \hat{\alpha}(u_{t-1}^2 - \bar{u}^2) + \hat{\beta}(h_{t-1} - \bar{h}) \tag{5-27}$$

两边取期望有

$$E(h_t - \bar{h}) \approx E\hat{\alpha}E(u_{t-1}^2 - \bar{u}^2) + E\hat{\beta}E(h_{t-1} - \bar{h}) \tag{5-28}$$

其中

$$E(u_{t-1}^2) = E(E_{t-2}u_{t-1}^2) = E(h_{t-1}) \text{ 且 } \bar{u}^2 \approx \bar{h}\text{，}\quad E(h_t) \approx E(h_{t-1})$$

于是有

$$E(h_t - \bar{h}) \approx E(\hat{\alpha} + \hat{\beta})E(h_t - \bar{h}) \tag{5-29}$$

若时间序列没有结构性变化，则用 GARCH(1, 1)模型估计的参数为准确的，有 $E(h_t) = E(\bar{h})$；若时间序列出现了结构性变化，则用 GARCH(1, 1)模型估计的参数为不准确的，各阶段参数发生了变化，各阶段无条件方差 $E(h_t(\theta_i)) = \omega_i / (1-\lambda)$ 不相同，则全样本下的 $E(h_t(\theta_i)) \neq E(\bar{h})$，$E(\hat{\alpha} + \hat{\beta}) \approx 1$。因此，这种忽略了模型参数出现变化而用单一的 GARCH 模型估计序列使得自回归参数之和趋近于 1，出现波动持续性的现象称为伪持续性。

对变结构 GARCH 模型的估计采用极大似然方法，模型的参数向量定义为 $\theta = \{\mu, \phi_1, \cdots, \phi_m, c, c_1, \cdots, c_{k-1}, \alpha, \beta\}$，它的对数似然函数为

$$L(\theta) = -\frac{1}{2}\log(2\pi) - \frac{1}{2}\sum_{t=1}^{N}\log(h_t) - \frac{1}{2}\sum_{t=1}^{N}\frac{u_t^2}{h_t} \tag{5-30}$$

在具体估计时要首先确定汇率收益率波动的结构变点。根据 5.2 节，虽然在英国公投脱欧事件中可能会出现若干个异常点，但从实际考虑，将整个公投脱欧事件的收益率影响划分为影响前、影响中以及影响后，此时需要引入两个虚拟变量，构建三阶段 GARCH 模型。具体如下：

$$\begin{aligned} & h_t = c + c_1\text{dum}_1 + c_2\text{dum}_2 + \alpha u_{t-1}^2 + \beta h_{t-1} \\ & \text{dum}_1 = \begin{cases} 0, & t < t_1 \\ 1, & t \geqslant t_1 \end{cases},\quad \text{dum}_2 = \begin{cases} 0, & t < t_2 \\ 1, & t \geqslant t_2 \end{cases} \end{aligned} \tag{5-31}$$

其中，t_1 和 t_2 表示公投前后的异常点。关于异常点 t_1 和 t_2 的选择，传统方法是根据重大突发事件实际发生时间来确定。例如，Kollias 等（2013a）研究伦敦爆炸案对股市的影响时，将此事件发生时间 2005 年 7 月 7 日 8:50 到 10:50 视为事件影响期。但是实际上，汇率可能在公投脱欧事件结果正式公布之前就已经出现了显著性异常波动，因此可以考虑根据 5.2 节诊断出的时间序列异常点的位置来确定 t_1 和 t_2。

5.3.2 英国公投脱欧事件对国际外汇市场收益率波动变结构实证研究

表 5-4 给出了标准 GARCH(1, 1)模型（模型Ⅰ）和两类三阶段变结构 GARCH(1, 1)模型（模型Ⅱ和模型Ⅲ）的参数估计结果。模型Ⅱ和模型Ⅲ的区别在于在式（5-31）中选取 t_1 和 t_2 的方式不同：模型Ⅱ的 t_1 和 t_2 是按照表 5-2 中汇率收益率第一个和最后一个异常点来确定的，而模型Ⅲ按照英国公投脱欧事件实际开始和结束时间来确定 t_1 和 t_2。

首先，比较 GARCH 模型和变结构 GARCH 模型，引入反映波动持续性的 p 值（$p=\alpha+\beta$）来反映收益率的持续性。通常 p 值是波动持续性的一种度量指标，p 值越接近于 1，说明收益率波动持续性越强。表 5-4 采用模型Ⅰ，英镑、欧元、日元、瑞士法郎和人民币的汇率收益率的 p 值分别等于 0.991、0.971、0.926、1.121、和 0.958，说明收益率具有很强的波动持续性。瑞士法郎汇率的 p 值甚至超过了 1，说明标准的 GARCH 模型是不适用的。相反，根据表 5-4 模型Ⅱ和模型Ⅲ的估计结果看到，所有收益率的 p 值都迅速减少，大都不高于 0.90，说明模型Ⅰ表现出的持续性是伪持续性。同时，也说明模型Ⅱ和模型Ⅲ比模型Ⅰ更好地反映了公投脱欧事件影响下的汇率波动特征。接着比较模型Ⅱ和模型Ⅲ，根据表 5-4 的评价值对数似然函数值、AIC、BIC 和 SBC 可知，模型Ⅱ比模型Ⅲ的拟合效果更好，说明在变结构 GARCH 模型的阈值选择上，采用本节提出的异常点诊断方法要优于传统的事件确定法。综上所述，选择模型Ⅱ来刻画汇率收益率在英国公投脱欧事件的波动特征。

接着计算变结构 GARCH 模型在事件前、事件中和事件后三个阶段的无条件方差，具体公式如下：

$$E(\varepsilon^2)=\frac{\omega_i}{1-(\alpha+\beta)}=\frac{c+\sum_{i=1}^{2}c_i\cdot \mathrm{dum}_i}{1-(\alpha+\beta)} \tag{5-32}$$

根据式（5-32）中虚拟变量 dum_i 在不同区间的取值来区别公投前、公投中及公投后这三种情况，结果见表 5-5。

表 5-4　汇率收益率波动性拟合结果

	英镑			欧元			日元			瑞士法郎			人民币		
	模型 I	模型 II	模型III	模型 I	模型 II	模型III	模型 I	模型 II	模型III	模型 I	模型 II	模型III	模型 I	模型 II	模型III
C	0.002	0.01	0.005	0.001	0.003	0.001	0.002	0.001	0.001	0.001	0.002	0.001	0.0002	0.0001	0.0001
	（0.000）	（0.000）	（0.000）	（0.000）	（0.000）	（0.000）	（0.000）	（0.000）	（0.000）	（0.000）	（0.000）	（0.000）	（0.000）	（0.000）	（0.000）
α	0.161	0.102	0.087	0.169	0.195	0.128	0.251	0.066	0.041	0.643	0.298	0.322	0.462	0.332	0.446
	（0.000）	（0.002）	（0.000）	（0.000）	（0.000）	（0.000）	（0.000）	（0.000）	（0.000）	（0.000）	（0.000）	（0.000）	（0.000）	（0.000）	（0.000）
β	0.830	0.561	0.703	0.802	0.561	0.773	0.675	0.816	0.855	0.478	0.491	0.516	0.497	0.531	0.518
	（0.000）	（0.000）	（0.000）	（0.000）	（0.000）	（0.000）	（0.000）	（0.000）	（0.000）	（0.000）	（0.000）	（0.000）	（0.000）	（0.000）	（0.000）
C_1	—	0.338	0.089	—	0.038	0.005	—	0.112	0.01	—	0.037	0.013	—	0.0004	0.0001
		（0.000）	（0.001）		（0.000） （0.000）	（0.001）		（0.000）	（0.000）		（0.000）	（0.000）		（0.000）	（0.000）
C_2	—	−0.336	−0.085	—	−0.038	−0.005	—	−0.112	−0.011	—	−0.036	−0.013	—	−0.0003	−0.0001
		（0.000）	（0.001）		（0.000）	（0.001）		（0.000）	（0.000）		（0.000）	（0.000）		（0.000）	（0.000）
$\alpha+\beta$	0.991	0.663	0.79	0.971	0.757	0.901	0.926	0.881	0.896	1.121	0.789	0.838	0.958	0.862	0.963
$\log L$	−3.1185	−6.1575	−6.1505	−3.7465	−6.7595	−6.7545	−3.668	−6.7125	−6.6915	−3.9115	−6.953	−6.9435	−4.951	−7.9705	−7.9565
AIC	−0.237	−0.315	−0.301	−1.493	−1.519	−1.509	−1.336	−1.425	−1.383	−1.823	−1.906	−1.887	−3.902	−3.941	−3.913
BIC	−2.397	−4.635	−4.621	−3.653	−5.839	−5.829	−3.496	−5.745	−5.703	−3.983	−6.226	−6.207	−6.062	−8.261	−8.233
SBC	−0.205	−0.266	−0.252	−1.461	−1.47	−1.461	−1.312	−1.376	−1.334	−1.799	−1.857	−1.838	−3.878	−3.892	−3.873

所有汇率收益率在公投期间无条件方差最大，说明公投脱欧事件对外汇市场收益率的波动性影响剧烈。其中，公投脱欧事件对汇率的影响是不均衡的，因为按照波动影响强弱来区分，英镑和日元最大，欧元和瑞士法郎次之，而人民币影响最小。之所以汇率波动激烈动荡，是因为本次公投结果远远大于市场各类前期预测结果，造成投资机构及个人对外汇市场风险最小化的再一次“优化配置”。意外的公投结果使得投资者对外汇市场过度反应，风险规避意识急剧增加，而信息化的快速传播导致了市场的“羊群行为”，进一步加剧了汇率的波动。相反，在公投脱欧事件影响结束后和事件发生前的收益率无条件方差差异不大，说明市场在消化了公投脱欧事件信息，恐慌情绪集中宣泄后，汇率波动已趋于正常，受该事件影响波动逐步减弱。从实际情况看，在公投脱欧事件发生的 1、2 天内外汇市场短期震动，但在 2、3 天之后外汇市场波动有了很大的缓解，总体看这次短期震动控制在了有限的时间段内，体现出了全球金融市场目前的韧性，这也反映出 2008 年国际金融危机以后，全球金融治理能力及应对这种突发事件能力的提高。

表 5-5　汇率收益率三阶段 GARCH 模型无条件方差

	区间	无条件下方差
英镑	6 月 23 日　小于 23 点	0.030
	6 月 23 日　23 点至 6 月 26 日 21 点	1.033
	6 月 26 日　21 点以后	0.036
欧元	6 月 24 日　小于 2 点	0.012
	6 月 24 日　2 点至 6 月 24 日 7 点 30 分	0.168
	6 月 24 日　大于 7 点 30 分	0.012
日元	6 月 23 日　小于 23 点	0.012
	6 月 23 日　23 点至 6 月 24 日 5 点 30 分	0.956
	6 月 24 日　大于 5 点 30 分	0.009
瑞士法郎	6 月 23 日　小于 21 点 30 分	0.009
	6 月 23 日　21 点 30 分至 6 月 24 日 19 点 30 分	0.185
	6 月 24 日　大于 19 点 30 分	0.014
人民币	6 月 21 日　小于 14 点	0.001
	6 月 21 日　14 点至 6 月 27 日 19 点	0.004
	6 月 27 日　大于 19 点	0.001

汇率市场异常波动和公投脱欧事件发生具有显著的同步性特征，事件对汇率市场冲击影响以后续减弱特征为主。与投资股票关注上市公司不同，投资外汇买卖某种国家或地区的货币，则是关注该国家的社会经济状况和前景。故虽然公投脱欧事件结果出乎大多数人意料，但随着金融信息化水平的不断提高，该类事件的各项信息收集、处理、存储和发布基本都可以在世界各处实时获取，因此投资

者可以立即采取动态投资策略以应对事件所带来的损失或不确定性。而当该事件结束后，市场和投资者都已充分接受与吸纳信息，都已经做出了相应的优化调整策略，因此汇市后续波动变化减弱。

为了说明结果的稳健性，利用波动率预测的方法进一步比较模拟 II 和模型III。鲁万波等（2018）指出对计量模型优劣的判断不是看其在样本内对数据拟合的好坏，而要看其样本外的预测能力。因此，这里将原有外汇样本数据设定为估计样本，同时选取 6 月 27 日之后的 100 个样本作为预测样本。根据 Wang 和 Wu（2012）的研究，挑选评价指标 MSE、MAE、QLIKE、R^2LN。其中，Patton（2011）指出 MSE 和 QLIKE 指标具有更好的稳健性。计算公式如下：

$$\mathrm{MSE}=\frac{1}{n}\sum_{t=1}^{n}(\hat{\sigma}_t-\sigma_t)^2 \tag{5-33}$$

$$\mathrm{MAE}=\frac{1}{n}\sum_{t=1}^{n}|\hat{\sigma}_t-\sigma_t| \tag{5-34}$$

$$\mathrm{QLIKE}=\frac{1}{n}\sum_{t=1}^{n}\left(\ln\hat{\sigma}_t^2+\frac{\sigma_t^2}{\hat{\sigma}_t^2}\right) \tag{5-35}$$

$$\mathrm{R^2LN}=\frac{1}{n}\sum_{t=1}^{n}\left(\ln\frac{\sigma_t^2}{\hat{\sigma}_t^2}\right)^2 \tag{5-36}$$

其中，$\hat{\sigma}_t^2$ 和 σ_t^2 分别为预测的条件方差和波动真实值。上述指标取值越小表示模型理论值和实际值偏差越小，预测的准确度也越高。进行样本外 100 个时间点的预测精度检验，具体结果见表 5-6。结果发现模型 II 的预测指标 MSE、MAE、QLIKE 和 R^2LN 都更小，这说明它的预测效果更好。这进一步说明采用异常点诊断方法来确定变结构 GARCH 模型中突变点的方法更优。

表 5-6　变结构 GARCH 模型预测评价

外汇	模型	MSE	MAE	QLIKE	R^2LN
英镑	模型 II	0.0158	0.1161	−3.1109	11.4111
	模型III	0.0163	0.1173	−3.0937	11.5281
欧元	模型 II	0.0048	0.0625	−4.1572	10.4875
	模型III	0.0058	0.0703	−4.0609	10.9729
日元	模型 II	0.0035	0.0493	−4.3613	9.4744
	模型III	0.0038	0.0527	−4.3271	9.8156
瑞士法郎	模型 II	0.0032	0.0494	−4.6056	13.7323
	模型III	0.0044	0.0562	−4.5368	14.3815
人民币	模型 II	0.0003	0.0160	−6.4302	7.7011
	模型III	0.0022	0.0371	−5.7798	13.4743

由表 5-6 的变结构 GARCH 模型Ⅱ和模型Ⅲ的样本外预测指标结果可以看到，模型Ⅱ的预测效果是最好的，MSE、MAE、QLIKE 和 R^2LN 指标都更小。因此，本书提出的时间序列异常点探测方法确定变点的三阶段变结构 GARCH 模型更优，在预测效果上好于使用主观事件法选择变点的变结构 GARCH 模型。

5.4 非常规突发事件对金融市场收益率联动性的影响研究

5.4.1 非线性门限协整检验

英国公投脱欧事件不仅会对收益率产生影响，而且汇率价格大幅度波动、投资者跨市场的套期保值、市场恐慌情绪的蔓延等也会对汇率之间的联动关系造成影响。突变异常点的存在可能使得外汇市场均衡关系在公投前后发生改变，这里引入 Gregory 和 Hansen（1996）提出的非线性门限协整检验方法，它能有效改进 E-G 两步法、Johansen 协整检验在诊断突变点存在情况下多元时间序列的协整关系的不足。英镑是本次事件的直接影响对象，因此利用该方法研究英镑汇率和欧元汇率、英镑汇率和日元汇率、英镑汇率和瑞士法郎汇率、英镑汇率和人民币汇率之间的联动关系。

Gregory 和 Hansen（1996）认为结构变点造成时间序列协整结构的改变体现为以下四种类型。

（1）协整关系仅有截距项的漂移，简称模型 C。

（2）协整关系不仅有截距项的漂移还有时间趋势项，简称模型 C/T。

（3）协整关系不仅有截距项的漂移还有系数项改变，简称模型 C/S。

（4）协整关系不仅有截距项的漂移还有系数项的改变，同时带有时间趋势项，简称模型 C/T/S。

为了简化说明，假设英镑汇率和欧元汇率之间存在截距项、系数项及时间趋势项改变，此时，二者关系可以表示如下：

$$\ln(Y_t) = \mu_1 + \mu_2 D_t(T_b) + \beta_1 t + \beta_2 t D_t(T_b) + \alpha_1 \ln(E_t) + \alpha_2 \ln(E_t) D_t(T_b) + \varepsilon_t \tag{5-37}$$

其中，Y_t 为英镑和欧元汇率，虚拟变量 $D_t(T_b) = 1(t > T_b)$，T_b 为突变时间点，其余参数表示回归系数及残差项。非线性门限协整检验的原假设是英镑汇率和欧元汇率之间不存在非线性门限协整关系，备择假设是二者存在门限形式的协整关系。Gregory 和 Hansen（1996）提出了三个基于结构改变的协整检验统计量，分别是 Z_α^*、Z_t^*、ADF^*：

$$Z_\alpha^* = \inf_{\tau \in T} Z_\alpha(\tau) \tag{5-38}$$

$$Z_t^* = \inf_{\tau \in T} Z_t(\tau) \tag{5-39}$$

$$\mathrm{ADF}^* = \inf_{\tau \in T} \mathrm{ADF}(\tau) \tag{5-40}$$

当上述统计量低于检验临界值时，拒绝原假设，说明序列之间存在结构性变化的协整关系。同时，检验统计量 ADF^*、Z_t^*、Z_α^* 临界值可以通过蒙特卡罗模拟获得。

5.4.2　英国公投脱欧事件对国际外汇市场联动性影响的实证研究

本节需要探讨公投脱欧事件前后外汇市场的关系，因此研究样本区间扩大至 2016 年 6 月 23 日前后 30 天，仍然采用 30min 的高频数据，样本量 2688 组。在开始联动实证分析前，还要对收益率开展平稳性检验，这里采用 ADF 单位根检验法对对数后的汇率序列进行平稳性检验。表 5-7 是单位根检验结果，其中 GBP、EUR、JPY、CHF、CNH 分别代表英镑、欧元、日元、瑞士法郎、人民币汇率的对数化序列；ΔGBP、ΔEUR、ΔJPY、ΔCHF、ΔCNH 分别代表其对应的一阶差分。从结果看到，所有汇率序列均是非平稳的，但经过一阶差分后都在 1%水平上平稳，因此序列均为一阶单整，满足协整分析的前提条件。

表 5-7　汇率序列单位根检验结果

序列	ADF 统计量	1%临界值	5%临界值	10%临界值
GBP	−1.032	−3.435	−2.863	−2.567
ΔGBP	−24.322***	−2.569	−1.940	−1.615
EUR	−2.281	−3.435	−2.863	−2.567
ΔEUR	−24.330***	−2.569	−1.940	−1.615
JPY	−1.238	−3.435	−2.863	−2.567
ΔJPY	−21.037***	−2.569	−1.940	−1.615
CHF	−1.923	−3.435	−2.863	−2.567
ΔCHF	−24.741***	−2.569	−1.940	−1.615
CNH	−1.517	−3.435	−2.863	−2.567
ΔCNH	−19.777***	−2.569	−1.940	−1.615

注：***表示在 1%的水平上显著。

首先，检验汇率之间是否存在线性协整关系，这里采用 E-G 两步法对英镑与其他货币之间的汇率关系进行协整检验，检验的结果如表 5-8 所示。可见，英镑与欧元、日元、瑞士法郎、人民币的 E-G 检验统计量均大于 5%水平下的临界值，则不能拒绝原假设，推断回归残差存在单位根。因此，英镑与欧元、日元、瑞士法郎、人民币均不存在简单线性协整关系。

表 5-8　E-G 协整检验结果

	检验统计量	1%临界值	5%临界值
英镑与欧元	−2.0092	−3.91	−3.34
英镑与日元	−1.3831	−3.91	−3.34
英镑与瑞士法郎	−1.1759	−3.91	−3.34
英镑与人民币	−2.2667	−3.91	−3.34

其次，表 5-9 列出了变结构协整检验结果。基于模型 C、模型 C/T、模型 C/S 以及模型 C/T/S 的所有外汇和英镑之间协整关系的检验统计量 ADF*统计意义显著，则判定英镑和这些汇率之间都存在变结构协整关系。这种变结构是指在公投脱欧事件影响前后，协整回归方程中的参数发生了显著性改变。根据估计结果，参数值在事件发生前后统计意义下显著不相等。这就意味着英镑和其他国家汇率之间的关系虽然满足均衡性，但这种均衡机制和特征随着公投脱欧事件的发生也发生改变。金融全球化背景下国际汇率之间存在的均衡传导关系在公投脱欧事件发生前后都存在，汇率之间的关联性和共移性较高，二者保持长期均衡关系和内在紧密经济联系，但是市场之间价格影响关系却发生了机制上的改变，即市场之间的信息及价格传导的模式发生了变化。因此，公投脱欧事件对汇市联动性造成结构性的改变，但市场之间依旧保持紧密均衡关系。总体上，汇市之间还是会保持较高的关联性和共移性。所以这要求金融管理部门在外汇风险管理及监控方面要进行适时调整策略，要重点关注跨市场之间的风险传染，采取更适宜的宏观调控政策来降低汇率的波动风险。

表 5-9　变结构协整检验结果

模型类型	统计量	GBP-EUR	GBP-JPY	GBP-CHF	GBP-CNH
模型 C	ADF*	−6.353***	−6.742***	−7.0138***	−6.919***
	Z_t^*	−5.753***	−6.098***	−6.393***	−6.345***
	Z_α^*	−65.820***	−73.937***	−81.235***	−79.980***
模型 C/T	ADF*	−5.838***	−6.666***	−6.749***	−6.810***
	Z_t^*	−5.256**	−6.038***	−6.164***	−6.242***
	Z_α^*	−54.991**	−72.530***	−75.578***	−77.485***
模型 C/S	ADF*	−6.660***	−6.503***	−7.138***	−7.162***
	Z_t^*	−6.029***	−5.905***	−6.478***	−6.603***
	Z_α^*	−72.359***	−69.433***	−83.614***	−86.547***
模型 C/T/S	ADF*	−5.794**	−6.305***	−6.887***	−7.977***
	Z_t^*	−5.279	−5.466	−6.339***	−7.317***
	Z_α^*	−55.563	−59.274***	−79.982***	−106.234***

注：**，***表示在 5%和 1%的水平上显著。

综上所述，以 2016 年英国公投脱欧事件为对象，探讨了非常规突发事件对外汇市场影响的存在性、强度及模式等。为了更全面地刻画这种影响，将公投脱欧事件对汇率收益率影响分为收益率一阶矩、波动二阶矩、波动联动性等几个部分，更全面和深入地刻画了非常规突发事件对汇率市场的影响特征。同时将影响按时间顺序划分为事件前、事件中和事件后三个阶段，重点研究了收益率在不同阶段的波动特点。最后通过稳健性检验说明了方法及结果的合理性。

英国脱欧将使英国和欧盟的贸易政策与市场环境发生变化。欧元和英镑可能处于长期走弱趋势，美元处于走强趋势更明显。此时，中国需要适时调整外汇储备比例，避免给中国外汇储备造成的损失，加强汇率风险防范。同时，需要慎重发现挂钩英镑、欧元及英国债券市场为标的资产的外汇产品。根据本章的研究，人民币受国际非常规突发事件影响反应具有时滞特征，其国际化水平有待进一步提高。实证结果发现，在英国公投脱欧的当日，英镑、欧元、日元和瑞士法郎汇率价格都有大幅度的显著改变，说明它们对事件反应具有时变特征，金融一体化程度高。相反，人民币汇率直到 6 月 27 日公投结果公布三天后，才出现第一次异常波动，这说明人民币汇率对英国公投脱欧事件反应时滞，但究其原因还是人民币国际化水平偏低。根据《人民币国际化报告 2017》，人民币国际化步伐在 2016 年的放缓反映当前国际化基础尚不够稳固。当前存在的人民币汇率贬值、境内外利差收窄、离岸市场中的人民币交易活跃度下降和人民币汇率形成机制反应速度太慢等问题都影响了人民币汇率和国际汇市之间的一体化水平，造成人民币不能对国际市场的变化充分快速反应。

根据实证结果看到，英国公投脱欧等国际政治事件加大了汇率的波动幅度，会进一步造成国际汇率市场的不稳定性。相关管理部门要高度重视并积极预警非常规突发事件对外汇市场的影响，特别加强事件发生过程中对金融风险的监管及调控。非常规突发事件的特殊性、突然性、破坏性等会对汇率造成显著异常波动影响，特别是这种冲击影响可能会在事件发生初期就对汇率市场起显著影响作用。因此，相关部门要制定应对此类重大突发事件的应急预案和保障措施。要与其他国家和地区外汇管理部门建立覆盖全球外汇市场的关于国际资本流动、外汇风险状况、国际储备波动状况等的监测和预警系统。通过国际化合作及信息共享等方式更好地防范和化解国际重大突发事件对本国货币带来的冲击风险。

第6章　非常规突发事件下金融市场波动率预测研究——基于GARCH-MIDAS模型

6.1　考虑非常规突发事件影响下GARCH-MIDAS模型构建

传统统计和计量经济理论中已经有很多波动率模型，如GARCH族模型，基于RV、SV的模型等，而对于股市波动的预测目前大多都采用传统的GARCH以及GARCH模型的拓展模型（Bekaert and Hoerova，2014; Bollerslev and Mikkelsen，1996；Dueker，1997；Hansen and Lunde，2005a；Wang and Wu，2012）。然而，传统的GARCH族模型严格地限于使用相同频率的数据。例如，对于股市波动往往使用日度收益率数据。因此，基于Ghysels等（2007）的研究，GARCH模型对于金融市场长期波动主要影响因素的研究还可以进一步提高。近期研究表明，由Engle等（2013）提出的GARCH-MIDAS模型在股市波动的刻画方面显示出优越的效果（Asgharian et al.，2013；Girardin and Joyeux，2013）。与传统的GARCH族模型相比，GARCH-MIDAS模型的显著优点在于，它可以将传统GARCH模型的总条件方差分解为两部分：由标准GARCH过程捕获的高频短期波动率和MIDAS回归过程捕获的低频长期波动率。因此该模型可以在对股票市场短期高频波动率研究的同时进一步考虑股票市场的低频长期波动率。由于这种优势，GARCH-MIDAS模型广泛用于实证研究（Asgharian et al.，2015; Fang et al.，2018; Pan and Liu，2018）。

Black（1976）和Nelson（1991）的研究表明，股票收益率往往呈尖峰厚尾的特性，并且收益率残差对收益率存在非对称影响。具体来说，股票市场受到负向冲击比受到正向冲击时会有更剧烈的波动。因此相关的研究也表明非对称GARCH族模型的性能优于标准的GARCH模型（Alberg et al.，2008; Awartani and Corrad，2005；Byun and Cho，2013）。然而，关于GARCH-MIDAS类模型的非对称效应的影响，文献并不充分。因此，本书将扩展标准的GARCH-MIDAS模型，同时考虑短期和长期波动成分的非对称效应。

不仅如此，标准GARCH-MIDAS模型的一个不足之处是它不能刻画极端市场事件。当有重大事件发生时，人们更关心剧烈的资产价格波动而不是温和的波动。目前一系列的外生事件，如区域战争、国际政治危机和国际金融危机，都发现会对股票市场波动产生剧烈的影响（Chan and Wei，1996；Nikkinen et al.，2008；Schwert，2011）。例如，Choudhry（2010）的研究指出第二次世界大战中重要的战争事件导致了股市收益率波动的结构性变化。Schwert（2011）的研究也证实了在 1987 年的股市崩盘和 2007 年的美国次贷危机中不论月收益率、日收益率还是 15 分钟高频收益率都产生了巨大的波动。因此本章也将进一步扩展 GARCH-MIDAS 模型，使其能够捕获股票市场中因为非常规突发事件产生的极端波动。

基于上述分析可以看到，尽管 GARCH-MIDAS 模型能弥补 GARCH 族模型只能使用同频数据的缺点，但标准的 GARCH-MIDAS 模型仍然缺乏对非对称效应和极端波动捕获的能力，因此本章将针对 GARCH-MIDAS 模型的这两点不足进行拓展研究。

6.1.1　传统的 GARCH-MIDAS 模型

股票市场的波动不仅受到其自身的影响，还与 GDP、失业率等宏观经济指标息息相关，然而这些宏观经济变量往往是与收益率频率不一样的月度和季度数据，但是传统的 ARCH 和 GARCH 族模型仅仅只能使用相同频率的数据。于是，Engle 等（2013）把标准 GARCH 模型与 Ghysels 等（2007）提出的 MIDAS 模型相结合，提出了 GARCH-MIDAS 模型。

令 $r_{i,t}$ 为第 t 月第 i 天的对数收益率，由 Engle 等提出的 GARCH-MIDAS 模型可以描述为

$$r_{i,t} - E_{i-1,t}(r_{i,t}) = \sqrt{\tau_t g_{i,t}}\varepsilon_{i,t}, \quad \forall i = 1,2,\cdots,N_t \tag{6-1}$$

$$\varepsilon_{i,\mathrm{t}} \mid \psi_{i-1,t} \sim N(0,1)$$

其中，N_t 为第 t 月交易日的总数；$E_{i-1,t}()$ 为条件期望；$\psi_{i-1,t}$ 为第 t 月中第一天到第 i–1 天的信息集合。很明显，在波动率方程中包含了两部分：$g_{i,t}$ 为能够解释高频波动的短期成分，τ_t 为能捕获固定低频波动的长期成分。

在实际运用中，往往假设 $E_{i-1,t}(r_{i,t})$ 等于常数 μ，式（6-1）可以写为如下形式：

$$r_{i,t} = \mu + \sqrt{\tau_t g_{i,t}}\varepsilon_{i,t}, \quad \forall i = 1,2,\cdots,N_t \tag{6-2}$$

其中，短期成分 $g_{i,t}$ 为标准的 GARCH(1, 1)过程，即

$$g_{i,t} = (1-\alpha-\beta) + \alpha\frac{(r_{i,t}-\mu)^2}{\tau_t} + \beta g_{i-1,t} \tag{6-3}$$

其中，$\alpha > 0, \beta > 0$，$\alpha + \beta < 1$，同时 Engle 等（2013）指出 $E(g_{i,t}) = 1$。

长期项 τ_t 由 MIDAS 回归表示为平滑的已实现波动率：

$$\tau_t = m + \theta\sum_{k=1}^{K}\varphi_k(\omega_1,\omega_2)\mathrm{RV}_{t-k} \tag{6-4}$$

其中，RV_t 为在 t 月内的已实现波动率：

$$RV_t = \sum_{i=1}^{N_t} r_{i,t}^2 \tag{6-5}$$

其中，$\varphi_k(\omega_1,\omega_2)$ 为确定 MIDAS 回归中权重方案的函数。关于权重函数，Engle 等（2013）提出了 β 多项式函数和指数函数两种权重函数。由于 Ghysels 等（2007）指出 β 多项式函数更加灵活并且更常用在有滞后结构的模型中，因此本节只考虑 β 多项式函数，其计算方法如下：

$$\varphi_k(\omega) = \frac{(1-k/K)^{\omega-1}}{\sum_{j=1}^{K}(1-j/K)^{\omega-1}} \tag{6-6}$$

对于 τ_t 的计算，常常有两种不同的方法：固定窗口法和滑动窗口法。滑动窗口移除了 τ_t 只能计算某个月的已实现波动率的限制，使得 τ 和 g 都以天为频率进行改变。由于滑动窗口模式能够及时更新已实现波动率的信息且更加灵活，故更受到学者的青睐，因此本节也仅考虑滑动窗口模式，其结构如下：

$$\tau_i^{(r\omega)} = m_i^{(r\omega)} + \theta_i^{(r\omega)} \sum_{k=1}^{K} \varphi_k(\omega) RV_{i-k}^{(r\omega)} \tag{6-7}$$

其中，$RV_{i-k}^{(r\omega)} = \sum_{i=1}^{N'} r_{i-j}^2$ 为滑动窗口已实现波动率，i 为周期内的第 i 天。如果令 $N'=22$，则使用的是带有滑动窗口的月度已实现波动率。为了方便，在后面的公式中统一舍去上角标（$r\omega$）。

6.1.2 非对称-GARCH-MIDAS 模型

本节将会对 GARCH-MIDAS 模型的长期项和短期项进行改进，使得它们能够捕获股市波动的非对称效应，其中短期项通过改变 GARCH 过程来实现，而长期项则对已实现波动率进行分解。

1. 考虑非对称的短期项

由于 GARCH-MIDAS 模型的短期项是一个标准的 GARCH 过程，而在 GARCH 族模型中如 EGARCH、GJR-GARCH 等均能捕获非对称效应，因此只需要将短期项中的标准 GARCH 过程换成 EGARCH 或 GJR-GARCH 等即可。又由于 GJR-GARCH 对于描述收益率的非对称效应有更好的效果，因此本节选用 GJR-GARCH 过程对 GARCH-MIDAS 模型的短期项进行改进，改进后的短期项如下：

$$g_{i,t} = (1-\alpha-\beta-0.5\gamma) + (\alpha + 1_{\{r_{i-1,t}<0\}}\gamma)\frac{(r_{i,t}-\mu)^2}{\tau_t} + \beta g_{i-1,t} \tag{6-8}$$

很明显，改进后的短期项具有 GJR-GARCH 的优点，对正向冲击和负向冲击有着不同的响应。

2. 考虑非对称的长期项

受 Patton 和 Sheppard（2015）研究的启发，本节将在长期项的 MIDAS 回归中加入非对称变量来改进标准的 GARHC-MIDAS 模型，从而使其能够捕获非对称效应。具体来说，本书将已实现波动率分解成已实现半方差作为解释加入 MIDAS 回归项中，改进后的长期项如下：

$$\tau_i = m + \theta^- \sum_{k=1}^{K} \varphi_k(\omega)\mathrm{RS}^-_{i-k} + \theta^+ \sum_{k=1}^{K} \varphi_k(\omega)\mathrm{RS}^+_{i-k} \tag{6-9}$$

其中，$\mathrm{RS}^-_{i-k} = \sum_{j=1}^{N'} r^2_{i-j} 1_{\{r_{i-j}<0\}}$，$\mathrm{RS}^+_{i-k} = \sum_{j=1}^{N'} r^2_{i-j} 1_{\{r_{i-j}>0\}}$ 分别为负已实现半方差和正已实现半方差。如果 θ^-比 θ^+大说明负的半方差对于股票市场的长期波动的影响大于正的半方差；反之，如果 θ^+比 θ^-大说明正的半方差对于股票市场的长期波动的影响大于负的半方差。

6.1.3　极端波动 GARCH-MIDAS 模型

通过上述改进，GARCH-MIDAS 模型无论是长期成分还是短期成分都具有捕获非对称效应能力，然而股票市场除了“温和”的波动还会出现由非常规突发事件所引起的极端波动，使得其能捕获市场中的极端冲击。

1. 考虑极端冲击的短期项

在短期的 GARCH 波动项中，通过添加与分位点相关的哑变量（0-1 变量），并且以收益率的分位数作为门限值，得到如下能捕获极端波动的短期项：

$$\begin{aligned} g_{i,t} = &(1-\alpha-\beta-E(1_{\{r_{i-1,t}<q_1\}})-E(1_{\{r_{i-1,t}>q_2\}})) \\ &+(\alpha+1_{\{r_{i-1,t}<q_1\}}\gamma^{-*}+1_{\{r_{i-1,t}>q_2\}}\gamma^{+*})\frac{(r_{i,t}-\mu)^2}{\tau_t} \\ &+\beta g_{i-1,t} \end{aligned} \tag{6-10}$$

其中，$\beta>0$，$\alpha+1_{\{r_{i-1,t}<q_1\}}\gamma^{-*}+1_{\{r_{i-1,t}>q_2\}}\gamma^{+*}<1$，$1_{\{\}}$为指示函数，$q_1$ 和 q_2 分别为极端正收益和极端负收益带来的极端波动门限。具体来说，如果 $1_{\{\}}=1$ 则表示有非常规突发事件发生；如果 $1_{\{\}}=0$，则表示股市属于波动正常。

本节将极端冲击的阈值定义为 $q_i = Q_i(\delta_i)$，$i=1,2$，其中 δ_i 为取值从 0 到 1 的实数，$Q_i(\delta_i)$ 为收益率序列 $r_{i,t}$ 的经验分位点。当 $r_{i,t}<q_1$ 时，说明市场发生了负的

极端冲击，如果$\gamma^{-*}>0$说明负的极端冲击会使股市的短期波动增大，反之则表示负的极端冲击会使股市的短期波动减小；当$r_{i,t}>q_2$时，说明市场发生了正的极端冲击，如果$\gamma^{+*}>0$说明正的极端冲击会使股市的短期波动增大，反之则表示正的极端冲击会使股市的短期波动减小。因此式（6-10）中的参数γ^{-*}和γ^{+*}包含了极端负冲击和极端正冲击发生时的信息。

2. 考虑极端冲击的长期项

与短期项相似，本节同样对于长期项的 MIDAS 回归项添加门限结构来达到描述极端波动效应的目的，其改进后的方程结构如下：

$$\tau_i = m + \theta^{-*}\sum_{k=1}^{K}\varphi_k(\omega)\mathrm{RS}_{i-k}^{-*} + \theta^{+*}\sum_{k=1}^{K}\varphi_k(\omega)\mathrm{RS}_{i-k}^{+*} + \theta^{*}\sum_{k=1}^{K}\varphi_k(\omega)\mathrm{RS}_{i-k}^{*} \quad (6\text{-}11)$$

可以看出本节将已实现波动率分解成了三个不同的部分，其中$\mathrm{RS}_{i-k}^{-*}=\sum_{j=1}^{N'} r_{i-j}^2 1_{\{r_{i-j}<q_1\}}$和$\mathrm{RS}_{i-k}^{+*}=\sum_{j=1}^{N'} r_{i-j}^2 1_{\{r_{i-j}>q_2\}}$分别为能够捕获极端收益的已实现方差，$\mathrm{RS}_{i-k}^{*}=\sum_{j=1}^{N'} r_{i-j}^2 1_{\{q_1\leqslant r_{i-j}\leqslant q_2\}}$为正常收益的已实现方差，$\theta^{-*}$、$\theta^{+*}$以及$\theta^{*}$分别为它们的系数。而对这三项的系数的比较可以看出极端波动和正常波动分别对市场的长期影响。

6.1.4 非对称-极端波动 GARCH-MIDAS 模型

前面已经对 GARCH-MIDAS 模型分别独立地讨论了非对称效应和极端波动效应的加入。本节将在 GARCH-MIDAS 模型的短期 GARCH 过程和 MIDAS 回归过程中同时考虑这两个效应，从而得到一系列能够反映非对称和极端效应的模型以及同时捕获这两个效应的 GARCH-MIDAS 类模型。

将式（6-8）～式（6-11）相结合可以得到：

$$\begin{aligned} g_{i,t} &= (1-\alpha-\beta-0.5\gamma-E(1_{\{r_{i-1,t}<q_1\}})-0.5\gamma-E(1_{\{r_{i-1,t}>q_2\}})) \\ &\quad +(\alpha+1_{\{r_{i-,t}<0\}}\gamma^{-}+1_{\{r_{i-1,t}<q_1\}}\gamma^{-*}+1_{\{r_{i-1,t}>0\}}\gamma^{+}+1_{\{r_{i-1,t}>q_2\}}\gamma^{+*})\times\frac{(r_{i,t}-\mu)^2}{\tau_t} \\ &\quad +\beta g_{i-1,t} \end{aligned} \quad (6\text{-}12)$$

$$\begin{aligned} \tau_i &= m+\theta^{-}\sum_{k=1}^{K}\varphi_k(\omega)\mathrm{RS}_{i-k}^{-}+\theta^{-*}\sum_{k=1}^{K}\varphi_k(\omega)\mathrm{RS}_{i-k}^{-*} \\ &\quad +\theta^{+}\sum_{k=1}^{K}\varphi_k(\omega)\mathrm{RS}_{i-k}^{+}+\theta^{+*}\sum_{k=1}^{K}\varphi_k(\omega)\mathrm{RS}_{i-k}^{+*} \end{aligned} \quad (6\text{-}13)$$

式（6-12）和式（6-13）中的参数与前面章节中的参数一致，这两个方程描述了同时考虑非对称和极端波动效应的长期波动和短期波动方程。在非对称-极端波动模型中不仅会考虑非对称带来的“好消息”（正冲击）和“坏消息”（负冲击）的影响，也会考虑极端冲击带来的“小消息”（负的极端冲击）和“大消息”（正的极端冲击）的影响。

本节将使用上面建立的新的波动方程来代替上面讨论的标准 GARCH-MIDAS 模型中现有的短期和长期波动性成分。基于对长期和短期成分中非对称和极端波动效应的相互组合，本节可以对 GARCH-MIDAS 模型进行总共 15 种类型的不同扩展组合。例如，将式（6-8）和式（6-3）相结合可以得到如下模型：

$$g_{i,t}=(1-\alpha-\beta-0.5\gamma)+(\alpha+1_{\{r_{i-1,t}<0\}}\gamma)\frac{(r_{i,t}-\mu)^2}{\tau_t}+\beta g_{i-1,t} \tag{6-14}$$

$$\tau_i=m+\theta^-\sum_{k=1}^{K}\varphi_k(\omega)\mathrm{RS}_{i-k}^-+\theta^+\sum_{k=1}^{K}\varphi_k(\omega)\mathrm{RS}_{i-k}^+ \tag{6-15}$$

该拓展的 GARCH-MIDAS 模型能在长期和短期项中捕获股市波动中的非对称效应。

再如，将式（6-8）和式（6-11）进行组合可以得到：

$$g_{i,t}=(1-\alpha-\beta-0.5\gamma)+(\alpha+1_{\{r_{i-1,t}<0\}}\gamma)\frac{(r_{i,t}-\mu)^2}{\tau_t}+\beta g_{i-1,t} \tag{6-16}$$

$$\begin{aligned}\tau_i=&m+\theta^{-*}\sum_{k=1}^{K}\varphi_k(\omega)\mathrm{RS}_{i-k}^{-*}+\theta^{+*}\sum_{k=1}^{K}\varphi_k(\omega)\mathrm{RS}_{i-k}^{+*}\\&+\theta^{*}\sum_{k=1}^{K}\varphi_k(\omega)\mathrm{RS}_{i-k}^{*}\end{aligned} \tag{6-17}$$

组合后的 GARCH-MIDAS 模型在短期项中可以捕获非对称效应，而长期波动方程则可以捕获极端波动效应。

而如果将 GARCH-MIDAS 模型的短期方程用式（6-12）代替和长期项波动方程用式（6-13）代替则可以得

$$\begin{aligned}g_{i,t}=&(1-\alpha-\beta-0.5\gamma-E(1_{\{r_{i-1,t}<q_1\}})-0.5\gamma-E(1_{\{r_{i-1,t}>q_2\}}))\\&+(\alpha+1_{\{r_{i-1,t}<0\}}\gamma^-+1_{\{r_{i-1,t}<q_1\}}\gamma^{-*}+1_{\{r_{i-1,t}>0\}}\gamma^++1_{\{r_{i-1,t}>q_2\}}\gamma^{+*})\times\frac{(r_{i,t}-\mu)^2}{\tau_t}\\&+\beta g_{i-1,t}\end{aligned} \tag{6-18}$$

$$\begin{aligned}\tau_i=&m+\theta^-\sum_{k=1}^{K}\varphi_k(\omega)\mathrm{RS}_{i-k}^-+\theta^{-*}\sum_{k=1}^{K}\varphi_k(\omega)\mathrm{RS}_{i-k}^{-*}\\&+\theta^+\sum_{k=1}^{K}\varphi_k(\omega)\mathrm{RS}_{i-k}^++\theta^{+*}\sum_{k=1}^{K}\varphi_k(\omega)\mathrm{RS}_{i-k}^{+*}\end{aligned} \tag{6-19}$$

显然，上述模型则可以在短期和长期项中同时捕获非对称效应和极端波动效应。

其他组合情况类似，因此不再一一赘述，表 6-1 给出了这些拓展模型的结构。其中三种模型只考虑了短期或长期的非对称效应，三种模型只考虑了短期或长期的极端波动效应，其余九种模型同时考虑了短期或长期的非对称效应和极端波动效应。

表 6-1　GARCH-MIDAS 模型及其拓展模型

标号	短期非对称效应	长期非对称效应	短期极端波动效应	长期极端波动效应	短期方程	长期方程	模型描述
模型 0					式（6-2）	式（6-3）	标准 GARCH-MIDAS 模型
模型 1	√				式（6-8）	式（6-3）	短期方程包含非对称效应
模型 2		√			式（6-2）	式（6-9）	长期方程包含非对称效应
模型 3			√		式（6-10）	式（6-3）	短期方程包含极端波动效应
模型 4				√	式（6-2）	式（6-11）	长期方程包含极端波动效应
模型 5	√		√		式（6-12）	式（6-3）	短期方程包含非对称效应和极端波动效应
模型 6		√		√	式（6-2）	式（6-13）	长期方程包含非对称效应和极端波动效应
模型 7	√	√			式（6-8）	式（6-9）	短期和长期方程都包含非对称效应
模型 8	√			√	式（6-8）	式（6-11）	短期方程包含非对称效应同时长期方程包含极端波动效应
模型 9	√	√		√	式（6-8）	式（6-13）	短期方程包含非对称效应同时长期方程包含非对称效应和极端波动效应
模型 10			√	√	式（6-10）	式（6-11）	短期和长期方程都包含极端波动效应
模型 11		√	√		式（6-10）	式（6-9）	短期方程包含极端波动效应同时长期方程包含非对称效应
模型 12		√	√	√	式（6-10）	式（6-13）	短期方程包含非对称效应同时长期方程包含非对称效应和极端波动效应
模型 13	√	√	√		式（6-12）	式（6-9）	短期方程包含非对称效应和极端波动效应同时长期方程包含非对称效应
模型 14	√		√	√	式（6-12）	式（6-11）	短期方程包含非对称效应和极端波动效应同时长期方程包含极端波动效应
模型 15	√	√	√	√	式（6-12）	式（6-13）	短期和长期方程都包含非对称效应和极端波动效应

6.2　基于 GARCH-MIDAS 模型的金融市场波动率实证研究

6.2.1　样本及描述性统计

标准普尔 500 指数（Standard&Poor500）是美国三大股指之一，由于标准普尔 500 指数相比于其他股指包含的公司更多，风险更为分散，能够反映更广泛的市场变化而受到学者的广泛使用（Cakici et al.，2014；Martens et al.，2009）。因此本节也将标准普尔 500 指数作为研究对象，所用全部样本数据区间是从 1991 年 1 月到 2016 年 12 月的日度收益率数据，数据来源于美联储经济数据中心。为了后面表述方便，用 S&P500 表示标准普尔 500 指数。

表 6-2 给出了 S&P500 指数的描述性统计。从表中可以看出，S&P500 的收益率序列的均值接近于 0，然而标准差远大于均值。收益率的峰度很大并且呈负偏状态特征。单位根 ADF 检验的结果表示该序列是平稳的。同时，Jarque-Bera 统计量的显著性表示该序列不服从正态分布，Ljung-Box 统计量的结果可以看出不论收益率序列还是收益率序列的平方都有很强的自相关性。图 6-1 是 S&P500 指数的日收益率及日波动率。

表 6-2 S&P500 指数的描述性统计

	Mean	Std	Min	Max	Skewness
S&P500	0.029	1.130	–9.469	10.957	–0.247
	Kurtosis	JB stat	ADF stat	Q(5)	$Q^2(5)$
S&P500	8.852	21458^{***}	-39.318^{***}	47.518^{***}	2631^{***}

注：括号里给出了所用检验的滞后阶数。***表示在 1%的水平上显著。

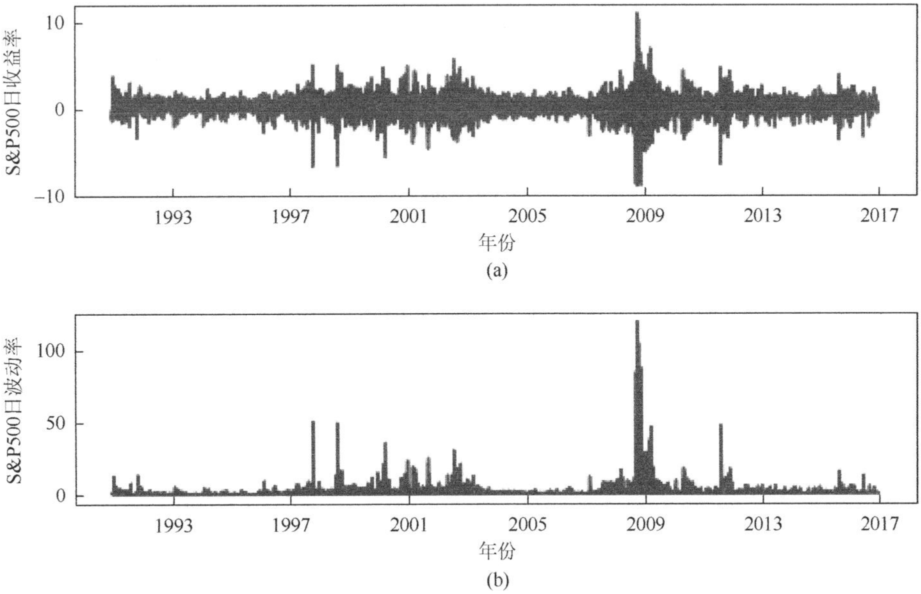

图 6-1 S&P500 指数的日收益率和日波动率图

6.2.2 模型拟合及结果分析

本节首先给出了这 16 种模型的参数估计结果。此外，在不同的评估准则下对这些模型作了样本外预测来评估添加非对称和极端波动效应能否提高模型的预测能力。由于发生非常规突发事件的概率很小，与 Herrera 和 Clements（2018）的研究相似，本节分别选取分位点水平 $\delta_1 = 0.1$，$\delta_2 = 0.9$。因此，将非常规突发事件定义为股票市场收益率负 10%或正 10%对应的部分。

本节对模型进行极大似然估计使用的是 Python 中 scipy 工具包中的 minimize 函数。具体计算时，只需要给出极大似然函数和初始化参数，该函数就可以得出优化后的参数，该工具包的使用流程图如图 6-2 所示。

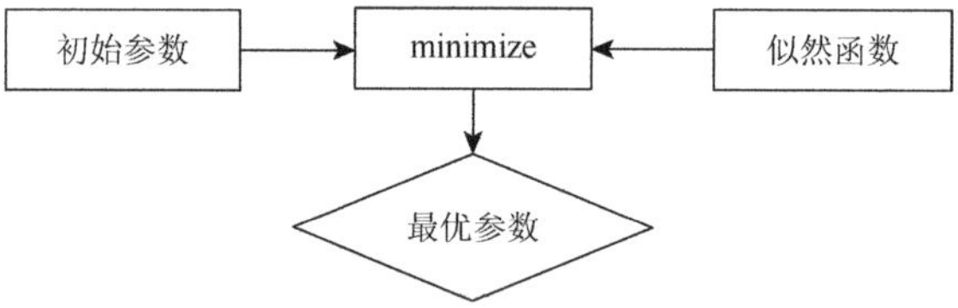

图 6-2　minimize 建模流程图

图 6-3 绘制了表 6-1 中的 16 种模型的总体波动和长期波动的估计结果，从图中可以看出，长期波动率主导着总体波动率的动态变化。表 6-3 给出了 16 种模型的参数估计结果，可以看到表中的大多数参数在统计意义下都是显著的，由此可以说明拓展的 GARCH-MIDAS 模型可以很好地拟合股市收益率。

具体来说，对于包含非对称效应的模型，短期波动项中的非对称参数 γ 全都保持显著，这有力地证明了坏消息对股票波动率的短期影响大于好消息。这个结果与 Veronesi（1999）的研究结论保持一致。长期波动成分中的非对称系数 θ^+和 θ^-大多都显著，以及在长期项中包含非对称的 8 个模型中有 6 个模型（模型 2、模型 6、模型 7、模型 9、模型 13、模型 15）θ^-的绝对值都大于 θ^+的绝对值，说明在股市的长期波动中也存在非对称效应，然而 θ^+和 θ^-在不同的模型中显著与否却各不相同（如模型 2 中 θ^-在 1%水平下显著而 θ^+却不显著），这说明长期方程的非对称效应对股市波动的影响要弱于短期波动项。

表 6-3　GARCH-MIDAS 模型及其拓展模型的估计结果

	模型 0	模型 1	模型 2	模型 3	模型 4	模型 5	模型 6	模型 7
μ	0.056*** (0.010)	0.025*** (0.010)	0.055*** (0.010)	0.041*** (0.011)	0.056*** (0.011)	0.020** (0.009)	0.056*** (0.010)	0.026*** (0.009)

续表

	模型 0	模型 1	模型 2	模型 3	模型 4	模型 5	模型 6	模型 7
α	0.102*** (0.006)	0.001 (0.016)	0.101*** (0.009)	0.099*** (0.000)	0.099*** (0.008)	0.065 (0.072)	0.097*** (0.010)	0.001 (0.014)
β	0.851*** (0.011)	0.840*** (0.009)	0.847*** (0.018)	0.869*** (0.012)	0.857*** (0.016)	0.848*** (0.011)	0.852*** (0.018)	0.851*** (0.029)
ω	6.483*** (1.670)	7.4013*** (1.439)	7.223*** (2.079)	8.151*** (1.670)	6.717*** (2.034)	10.121*** (1.832)	6.227*** (1.819)	7.153*** (1.769)
m	0.614*** (0.041)	0.340*** (0.051)	0.381*** (0.070)	0.536*** (0.064)	0.721*** (0.049)	0.384*** (0.066)	−0.192 (0.233)	0.321*** (0.055)
θ	0.166*** (0.008)	0.027*** (0.002)		0.208*** (0.033)		0.186*** (0.012)		
θ^{*}					0.296*** (0.077)			
θ^{+}			0.006 (0.017)				0.025 (0.059)	−0.007 (0.022)
θ^{-}			0.049*** (0.016)				0.227*** (0.085)	0.062*** (0.021)
θ^{+*}					−0.001 (0.478)		−0.011 (0.019)	
θ^{-*}					0.234*** (0.017)		0.059* (0.017)	
γ		0.199*** (0.015)						0.195*** (0.022)
γ^{+}						−0.097* (0.071)		
γ^{-}						0.211*** (0.072)		
γ^{+*}				−0.129*** (0.017)		0.047*** (0.016)		
γ^{-*}				0.066*** (0.019)		−0.096*** (0.012)		

	模型 8	模型 9	模型 10	模型 11	模型 12	模型 13	模型 14	模型 15
μ	0.077*** (0.010)	0.027*** (0.010)	0.041** (0.001)	0.033*** (0.011)	0.041*** (0.010)	0.020*** (0.005)	0.019** (0.010)	0.017*** (0.003)
α	0.101*** (0.009)	0.001 (0.015)	0.096*** (0.017)	0.050*** (0.014)	0.095*** (0.016)	0.070*** (0.040)	0.002 (0.015)	0.002 (0.013)
β	0.834*** (0.015)	0.849*** (0.027)	0.877*** (0.015)	0.889*** (0.010)	0.882*** (0.011)	0.859*** (0.031)	0.839*** (0.015)	0.870*** (0.038)
ω	5.792*** (2.193)	6.906*** (1.500)	7.633*** (1.721)	7.606*** (1.478)	7.478*** (1.472)	9.377*** (1.621)	11.677*** (2.650)	8.046*** (1.467)
m	0.699*** (0.040)	−0.020 (0.010)	0.711*** (0.065)	−0.495*** (0.035)	0.521*** (0.076)	0.618*** (0.102)	−0.020 (0.012)	−0.031 (0.212)

续表

	模型 8	模型 9	模型 10	模型 11	模型 12	模型 13	模型 14	模型 15
θ								
θ^*	0.252*** （0.068）		0.198*** （0.030）				0.199*** （0.019）	
θ^+		0.003 （0.021）		–0.215*** （0.021）	–0.308*** （0.062）	–0.093** （0.039）		0.011 （0.019）
θ^-		–0.057 （0.045）		0.001 （0.113）	0.001 （0.182）	0.251*** （0.032）		0.323*** （0.089）
θ^{+*}	–0.001 （0.120）	0.049** （0.021）	0.177*** （0.048）		–0.000 017 （0.148）		–0.106** （0.051）	0.063*** （0.023）
θ^{-*}	0.248*** （0.017）	0.219*** （0.062）	0.127** （0.071）		–0.000 011 （0.283）		0.204*** （0.030）	0.106** （0.056）
γ	0.121*** （0.017）	0.1925*** （0.020）						
γ^+						–0.134*** （0.028）	–0.083*** （0.010）	–0.086 （0.026）
γ^-						0.193*** （0.039）	0.222*** （0.023）	0.278*** （0.032）
γ^{+*}			–0.091*** （0.014）	–0.081*** （0.015）	–0.125*** （0.016）	0.038* （0.026）	–0.027** （0.018）	0.059*** （0.015）
γ^{-*}			0.096*** （0.018）	0.106*** （0.019）	0.067*** （0.018）	–0.084*** （0.027）	–0.118*** （0.033）	–0.112*** （0.021）

注：该表给出表 6-1 中模型的参数估计结果。括号中的数字表示标准误。*，**和***分别表示在 10%，5%和 1%显著性水平下拒绝原假设。

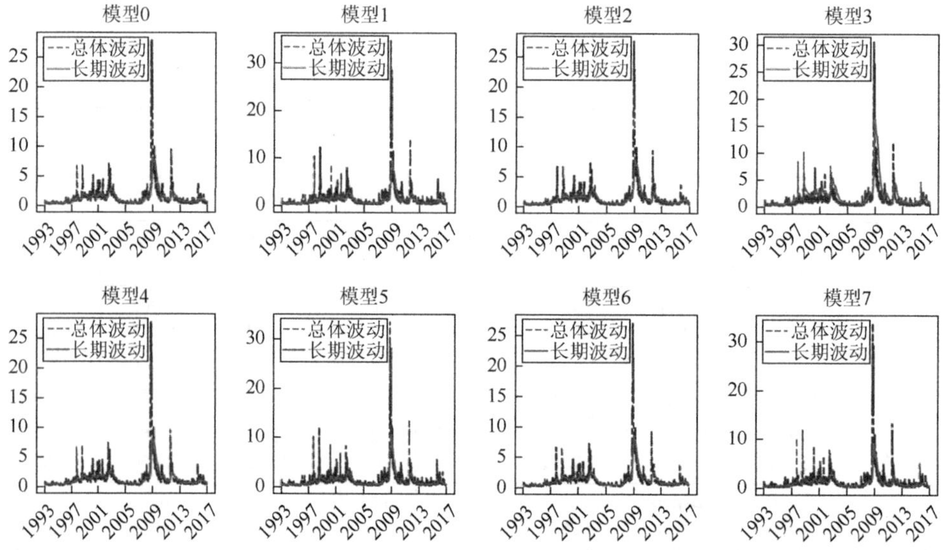

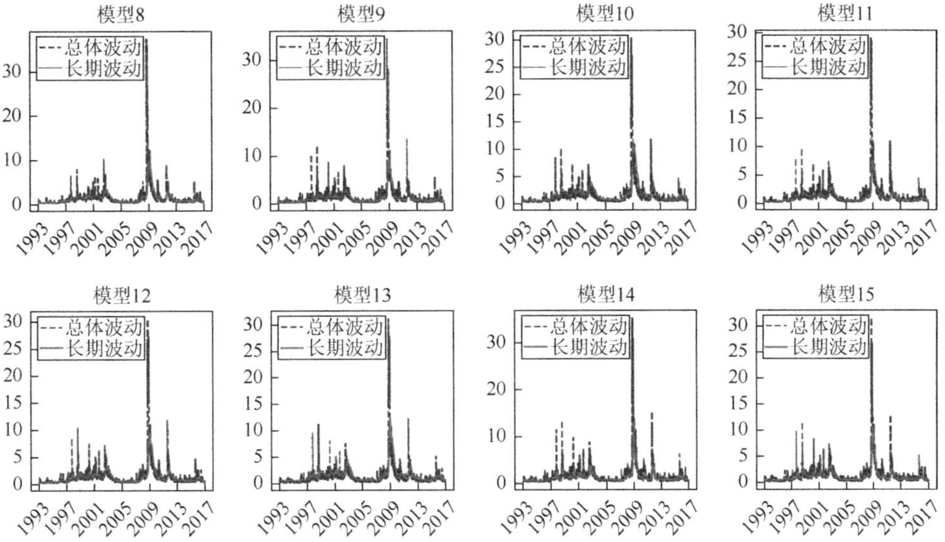

图 6-3　总体波动和长期波动的估计结果

其次，对于包含极端波动效应的模型，大多数极端波动项的系数 γ^{+*}，γ^{-*}，θ^{+*} 和 θ^{-*} 都显著，这说明股市中的确存在着强烈的极端波动效应。此外，从表中对长期和短期项的估计结果还可以看出，股市中长期和短期的巨大负极端冲击会分别带来更大的长期波动和短期波动，然而正的极端冲击带来的波动就相对较小。这一证据表明极端效应是股票波动持续性的一个潜在来源，符合 Aboura 和 Wagner（2016）的论点，即股市的大幅下跌至少部分是极端水平的波动反馈造成的。

最后，模型 15 中的短期和长期方程中都存在显著的非对称效应和极端波动效应。可以看到，新模型中描述非对称项的系数多数要比描述极端波动的系数更大($|\gamma^+|>|\gamma^{+*}|,|\gamma^-|>|\gamma^{-*}|,|\theta^-|>|\theta^{-*}|$)，这也说明了股市波动的非对称效应要强于极端波动效应。此外，所有带负号的参数($\gamma^{-*},\gamma^-,\theta^-,\theta^{-*}$)都在 5%的水平下显著；然而一些模型中带正号的参数(γ^+,θ^+)却不显著。从系数的绝对值排序结果来看($|\gamma^{-*}|>|\gamma^{+*}|,|\gamma^-|>|\gamma^+|,|\theta^{-*}|>|\theta^{+*}|,|\theta^-|>|\theta^+|$)，股票的波动与过去的“坏消息”和“极端消息”的关联性强于“好消息”和“正常消息”。

6.3　基于 GARCH-MIDAS 模型的金融市场波动率预测研究

6.3.1　预测方法概述

由于市场参与者往往更加关心模型对未来的预测能力而不是模型简单的对过去的解释分析能力，因此模型样本外的预测能力相比于样本内的估计结果更加重要。本节为了探讨加入非对称和极端波动效应能否提升模型对股市波动率的预测能力，将使用样本外预测方法来直接对比拓展模型和标准 GARCH-MIDAS 模型的预测表现能力。如 Angelidis 等（2004）和 Degiannakis 等（2008）的讨论结果，在样本外预测的时候，使用滑动窗口方法可以更有效地捕捉市场活动的变化，因此本节也将采取滑动窗口样本模式来进行预测。

本节将样本数据分解成两个部分：①使用 1991 年 1 月初至 2006 年 1 月底的数据对波动率模型进行建模从而估计参数；②使用 2006 年 2 月初到 2016 年 12 月底的数据来评测模型的预测性能。与大多数文献相似（Pan and Liu，2018），本节使用收益率的平方作为真实波动率，即

$$\sigma_i^2 = r_i^2 \tag{6-20}$$

图 6-4 给出了表 6-1 中 GARCH-MIDAS 模型以及其拓展模型预测产生的波动率，同时也给出了股票的每日真实波动率。关于波动率预测精度的定量结果，本节将使用损失函数来进行分析。然而根据 Diebold 和 Lopez（1996）的研究，很难决定哪一种损失函数是最佳的评估函数，因此，本节选取了五种不同的损失函数作为预测误差的基准以避免选择单一损失函数所带来的误差。五种损失函数的形式如下：

$$\text{MSE} = \frac{1}{n}\sum_{i=1}^{n}(\sigma_i^2 - \hat{\sigma}_i^2)^2 \tag{6-21}$$

$$\text{MAE} = \frac{1}{n}\sum_{i=1}^{n}|\sigma_i^2 - \hat{\sigma}_i^2| \tag{6-22}$$

$$\text{HMSE} = \frac{1}{n}\sum_{i=1}^{n}(1 - \sigma_i^2 / \hat{\sigma}_i^2)^2 \tag{6-23}$$

$$\text{HMAE} = \frac{1}{n}\sum_{i=1}^{n}|1 - \sigma_i^2 / \hat{\sigma}_i^2| \tag{6-24}$$

$$\text{QLIKE} = \frac{1}{n}\sum_{i=1}^{n}(\ln(\hat{\sigma}_i^2) - \sigma_i^2 / \hat{\sigma}_i^2)^2 \tag{6-25}$$

其中，n 为需要预测样本的总数，σ_i^2 和 $\hat{\sigma}_i^2$ 分别为真实波动率的值和预测波动率的值。

6.3.2 基于 MCS 的预测结果及分析

Ma 等（2018）的研究认为损失函数不能提供模型之间的预测损失是否具有统计意义上的显著性差异，因此本节将使用 Hansen 等（2011）提出的 MCS 检验方法。与传统的 SPA 检验相比，MCS 检验不需要指定基准模型，条件更加宽松。除此之外，由于 SPA 检验的原假设是复合假设，它会对检验统计量的渐近分布产生影响，导致犯第一类错误的概率增加，而 MCS 检验没有复合形式的原假设，

因此该检验的结果更加具有稳健性。MCS 检验的基本原理是，在显著性水平 α 下，依次从所有模型所组成的集合 M 中剔除性能最差的一个模型，直到不能再拒绝相同预测精度的原假设，剩下的模型则形成模型置信集。

对于 MCS 检验的统计量，本节将使用半二次方统计量，其形式如下：

$$T_{\mathrm{SQ}} = \sum_{i,j\in M} \frac{(\bar{d}_{ij})^2}{\widehat{\mathrm{var}}\,\bar{d}_{ij}} \tag{6-26}$$

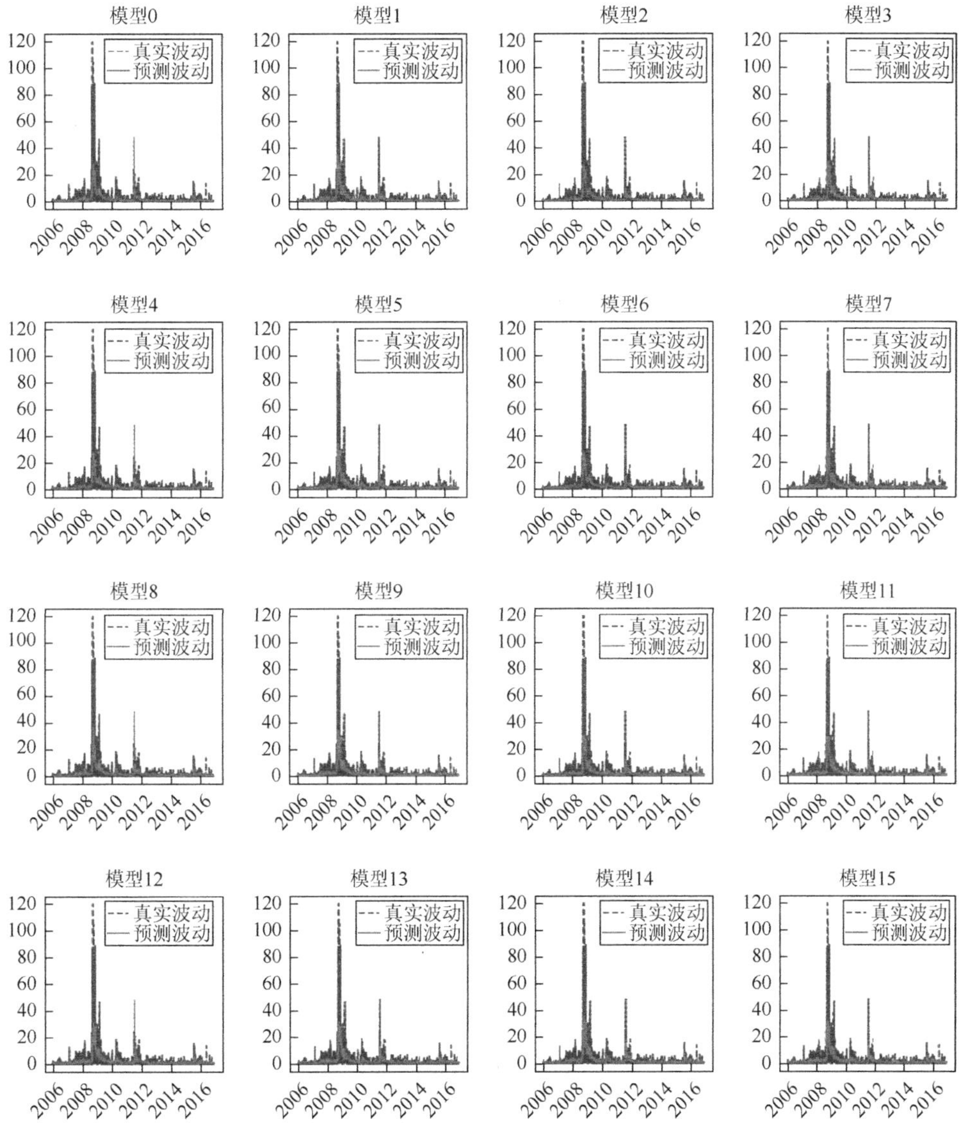

图 6-4　GARCH-MIDAS 及其拓展模型的样本外波动预测

其中，d_{ij} 为两个不同 GARCH-MIDAS 拓展模型的预测值的差值，$\widehat{\text{var}}\bar{d}_{ij}$ 为 $\text{var}(\bar{d}_{ij})$ 的估计值，其值由平稳自助法得到。由于上述的统计量的真实分布较为复杂，因此本节将使用 10 000 次自助法获得检验的 p 值，如果 p 值小于显著性水平 α 则拒绝原假设，反之则不能拒绝原假设。在本节显著性水平 α 选取为 0.1，即 MCS 检验的 p 值大于 0.1 说明相对应的模型有更好的预测精度。

表 6-4 给出了 MCS 检验的结果。从表中可以得出以下几点结论。首先，在 MSE 损失函数下，所有模型的检验 p 值均大于 0.1，这说明在 MSE 下所有模型的预测表现都不错，而在短期和长期波动方程中都包含非对称和极端波动效应的模型 15 相对于其他的拓展模型有最好的预测结果，并且模型 15 在 HMSE 和 QLIKE 损失函数下同样有最好的表现。其次，在 MAE 测度下，模型 12 是唯一一个通过 MCS 检验的模型，表明在统计意义下，相对于其他模型，模型 12 表现出更高的预测能力。最后，从 HMAE 损失函数的结果可以确定，与其他模型相比，模型 14 有更高的预测精度。

表 6-4　GARCH-MIDAS 及其拓展模型样本外 MCS 检验结果（S&P500 指数）

模型	MSE	MAE	HMSE	HMAE	QLIKE
模型 0	**0.627**	0.007	0.025	0.000	0.000
模型 1	**0.655**	0.008	**0.207**	0.001	0.001
模型 2	**0.633**	0.007	0.083	0.000	0.000
模型 3	**0.885**	0.007	**0.207**	**0.342**	0.001
模型 4	**0.595**	0.012	**0.178**	0.006	0.000
模型 5	**0.962**	0.007	**0.221**	**0.342**	**0.224**
模型 6	**0.627**	0.007	**0.178**	0.034	0.000
模型 7	**0.773**	0.008	0.004	0.000	0.003
模型 8	**0.655**	0.007	0.099	0.006	0.000
模型 9	**0.775**	0.007	**0.207**	0.006	0.012
模型 10	**0.773**	0.008	**0.207**	**0.342**	0.005
模型 11	**0.609**	0.008	**0.207**	0.031	0.004
模型 12	**0.773**	**1.000**	0.000	0.000	0.004
模型 13	**0.837**	0.008	0.141	0.000	**0.737**
模型 14	**0.775**	0.008	**0.588**	**1.000**	**0.737**
模型 15	**1.000**	0.008	**1.000**	**0.342**	**1.000**

注：模型编号与表 6-1 含义相同。$p>0.10$ 的值用粗体和下划线表示。下同。

总得来看，从所有损失函数的 MCS 检验结果中还可以发现模型 12、模型 14

以及模型 15 相比于 GARCH-MIDAS 模型对股市波动率的精度更高。所提出的这三种新模型能够提供最佳预测性能的主要原因可能是模型不仅包含了作为潜在预测因子的非对称信息，还包含了反映非常规突发事件引起的巨大波动的信息。总的来说，上面的结论说明使用扩展的 GARCH-MIDAS 模型能有效地提升预测准确度。

6.3.3　基于 DM 的预测结果分析

为了避免使用单一检验方式带来的偶然性，本节还将使用广泛应用于检验模型预测精度的 DM 检验。DM 检验用于两两比较模型的预测能力，其原假设是两个模型预测值的损失有相同的期望。因此，当且仅当两个模型对于任意时间 t 的损失差值都有零期望时，两个模型的预测能力才相等。DM 检验的统计量如下：

$$\mathrm{DM}=\frac{\frac{1}{T}\sum_{1}^{t}\{g(e_{A,t+h})-g(e_{B,t+h})\}}{\hat{\sigma}_{g(e_{A,t+h})-g(e_{B,t+h})}} \tag{6-27}$$

其中，$g(e_{A,t+h})$ 和 $g(e_{B,t+h})$ 分别为模型 A 和 B 的预测误差在 $t+h$ 时刻基于损失函数 g 所估计的函数值，$\hat{\sigma}$ 为在损失函数 g 下模型预测误差标准差的一致估计，DM 统计量服从标准正态分布，损失函数 g 分别取 6.3.1 节的五个损失函数。

表 6-5 给出了 DM 检验的结果，表中的数字表示表 6-1 中各个模型相对于标准 GARCH-MIDAS 模型的损失比值。可以发现大多数情况下损失比值都小于 1，这说明相对于标准 GARCH-MIDAS 模型，本书所提出的新模型有更小的损失，从而在预先规定的损失标准下有更准确的预测。除了 HMAE 函数外，模型 15 在 MSE、MAE、HMSE、QLIKE 等损失函数下都表现最佳。因此，综合所有结果，在所有拓展模型中，将短期和长期的非对称与极端波动性效应结合起来在预测精度方面有最显著的提高。并且 DM 检验的 p 值在绝大数情况下都显著也说明相比于标准 GARCH-MIDAS 模型，本节所扩展的模型都能显著提高预测精度。

表 6-5　DM 检验结果（模型 0 和模型 1～模型 15 的比较）

模型	MSE	MAE	HMSE	HMAE	QLIKE
模型 1	0.950* （−1.38）	0.976*** （−2.570）	0.900*** （−2.813）	0.960*** （−5.139）	0.942*** （−7.774）
模型 2	1.001 （0.426）	0.997*** （−6.576）	1.001 （0.361）	1.002 （7.171）	1.000 （0.100）
模型 3	0.946* （−1.46）	0.982** （−1.996）	0.869*** （−2.989）	0.953*** （−6.306）	0.950*** （−6.842）
模型 4	0.997 （−0.150）	1.001 （1.847）	0.998 （−0.998）	0.999 （−1.130）	0.999 （−0.645）

续表

模型	MSE	MAE	HMSE	HMAE	QLIKE
模型 5	0.944* (−1.403)	0.976*** (−2.448)	0.869*** (−3.201)	0.951*** (−5.933)	0.935*** (−8.014)
模型 6	0.999 (−0.313)	0.994*** (−6.945)	0.975 (−0.992)	0.999 (−0.072)	0.997* (−1.492)
模型 7	0.953* (−1.455)	0.971*** (−3.12)	0.922** (−2.252)	0.970*** (−3.898)	0.941*** (−7.909)
模型 8	1.001 (0.027)	0.999 (−0.035)	1.034 (1.105)	1.013 (1.894)	0.994 (−0.822)
模型 9	0.951* (−1.500)	0.966*** (−3.931)	0.881** (−2.266)	0.969*** (−3.912)	0.939*** (−7.976)
模型 10	0.951* (−1.343)	0.981** (−2.137)	0.907*** (−2.648)	0.962*** (−5.011)	0.950*** (−6.798)
模型 11	0.952* (−1.406)	0.980*** (−2.332)	0.883** (−2.201)	0.963*** (−4.963)	0.950*** (−6.846)
模型 12	0.984 (−0.392)	0.860*** (−9.406)	2.265 (6.777)	1.357 (12.912)	1.076 (2.755)
模型 13	0.946* (−1.612)	0.964*** (−4.299)	0.885*** (−2.746)	0.962*** (−4.737)	0.932*** (−8.534)
模型 14	0.950 (−1.249)	0.978** (−2.198)	0.853** (−2.160)	0.959*** (−4.595)	0.933*** (−7.733)
模型 15	0.943** (−1.605)	0.961*** (−4.421)	0.832** (−2.120)	0.959*** (−4.675)	0.927*** (−8.426)

注：表中的数字表示表 6-1 中各个模型相对于标准 GARCH-MIDAS 模型的损失比值，括号的结果是 DM 统计量的值。*，**和***分别表示在 10%，5%和 1%的显著性水平下拒绝原假设。

由于 DM 检验是进行两两模型预测精度的比较，为了更全面地说明，将这 16 类模型都分别作为基准模型，与剩余的 15 种模型进行比较。例如，表 6-5 是模型 0 和模型 1～模型 15 的比较。表 6-6～表 6-20 是剩余两两模型之间的比较。从比较结果可以看到，表 6-20 所有的损失函数比都大于 1，这说明模型 15 较其他拓展模型的预测精度更好。

表 6-6　DM 检验结果（模型 1 和模型 0，模型 2～模型 15 的比较）

模型	MSE	MAE	HMSE	HMAE	QLIKE
模型 0	1.052 (1.381)	1.024 (2.571)	1.11 ((2.812)	1.041 (5.139)	1.061 (7.775)
模型 2	1.053 (1.359)	1.021 (2.274)	1.112 (2.811)	1.043 (5.394)	1.061 (7.707)
模型 3	1.004 (0.223)	1.01 (1.103)	1.012 (0.159)	0.997 (−0.279)	1.025 (2.528)

续表

模型	MSE	MAE	HMSE	HMAE	QLIKE
模型 4	1.05 （1.374）	1.024 （2.668）	1.114 （2.592）	1.036 （4.523）	1.062 （7.842）
模型 5	0.999 （−0.032）	1.002 （0.185）	0.984 （−0.32）	0.993 （−0.942）	0.998 （−0.239）
模型 6	1.05 （1.34）	1.023 （2.478）	1.07 （1.722）	1.031 （3.873）	1.061 （7.697）
模型 7	1.003 （0.408）	0.994*** （−3.055）	1.024 （5.86）	1.01 （8.51）	0.999 （−0.479）
模型 8	1.055 （1.378）	1.036 （2.827）	1.118 （2.838）	1.044 （4.945）	1.052 （5.977）
模型 9	0.999 （−0.538）	0.992*** （−7.817）	0.986 （−0.895）	1.002 （1.595）	0.999 （−0.778）
模型 10	1.004 （0.245）	1.003 （0.383）	1.05 （0.663）	1.007 （0.725）	1.022 （2.22）
模型 11	1.014 （0.632）	1.011 （1.163）	1.028 （0.245）	1.009 （0.852）	1.026 （2.292）
模型 12	1.003 （0.156）	1.004 （0.401）	1.007 （0.066）	1.003 （0.249）	1.021 （2.013）
模型 13	1.002 （0.102）	0.988* （−1.411）	1.012 （0.29	1.004 （0.569）	0.996 （−0.54）
模型 14	1.004 （0.182）	0.997 （−0.366）	1.032 （0.494	1.012 （1.234）	0.995 （−0.558）
模型 15	0.999 （−0.065）	0.985* （−1.775）	0.946 （−0.657	0.996 （−0.532）	0.992 （−0.956）

表 6-7　DM 检验结果（模型 2 和模型 0，模型 1，模型 3～模型 15 的比较）

模型	MSE	MAE	HMSE	HMAE	QLIKE
模型 0	0.999 （−0.427）	1.002 （6.579）	0.998 （−0.363）	0.998*** （−7.175）	1.0 （−0.1）
模型 1	0.95* （−1.359）	0.979** （−2.274）	0.9*** （−2.811）	0.959*** （−5.394）	0.942*** （−7.707）
模型 3	0.953 （−1.225）	0.989* （−1.371）	0.91* （−1.384）	0.956*** （−4.63）	0.966*** （−3.624）
模型 4	0.997 （−0.724）	1.003 （2.975）	1.002 （0.078）	0.993*** （−5.308）	1.0 （0.27）
模型 5	0.949 （−1.105）	0.981** （−1.965）	0.885** （−2.227）	0.952*** （−5.029）	0.941*** （−6.438）
模型 6	0.998 （−0.471）	1.002 （0.902）	0.963*** （−3.727）	0.988*** （−6.005）	1.0 （−0.166）
模型 7	0.952* （−1.432）	0.974*** （−3.099）	0.921** （−2.259）	0.968*** （−4.185）	0.942*** （−7.873）

续表

模型	MSE	MAE	HMSE	HMAE	QLIKE
模型 8	1.002 （0.056）	1.014 （1.585）	1.006 （0.192）	1.001 （0.168）	0.991* （−1.312）
模型 9	0.949* （−1.443）	0.972*** （−3.16）	0.887*** （−3.052）	0.961*** （−4.967）	0.941*** （−7.668）
模型 10	0.954 （−1.213）	0.983** （−2.117）	0.944 （−0.878）	0.966*** （−3.579）	0.963*** （−3.861）
模型 11	0.963 （−1.011）	0.99 （−1.113）	0.924 （−0.792）	0.968*** （−3.099）	0.967*** （−3.203）
模型 12	0.952 （−1.226）	0.983** （−2.067）	0.905 （−1.109）	0.961*** （−3.783）	0.963*** （−3.684）
模型 13	0.951 （−1.25）	0.967*** （−3.821）	0.911** （−1.93）	0.963*** （−3.997）	0.939*** （−6.882）
模型 14	0.954 （−0.909）	0.976** （−2.136）	0.928 （−1.077）	0.97*** （−2.546）	0.937*** （−5.439）
模型 15	0.949 （−1.242）	0.964*** （−3.8）	0.851** （−1.917）	0.954*** （−4.322）	0.935*** （−6.383）

表 6-8　DM 检验结果（模型 3 和模型 0～模型 2，模型 4～模型 15 的比较）

模型	MSE	MAE	HMSE	HMAE	QLIKE
模型 0	1.048 （1.243）	1.014 （1.691）	1.097 （1.321）	1.044 （4.416）	1.035 （3.644）
模型 1	0.996 （−0.223）	0.99 （−1.103）	0.988 （−0.159）	1.003 （0.279）	0.975*** （−2.528）
模型 2	1.049 （1.225）	1.011 （1.371）	1.098 （1.384）	1.046 （4.63）	1.035 （3.624）
模型 4	1.046 （1.227）	1.015 （1.799）	1.1 （1.183）	1.038 （3.939）	1.035 （3.707）
模型 5	0.996 （−0.424）	0.992*** （−2.676）	0.972 （−0.841）	0.996 （−0.831）	0.974*** （−5.065）
模型 6	1.047 （1.187）	1.013 （1.583）	1.058 （0.863）	1.034 （3.505）	1.035 （3.724）
模型 7	0.999 （−0.054）	0.985** （−1.804）	1.012 （0.155）	1.013 （1.292）	0.975*** （−2.558）
模型 8	1.051 （1.236）	1.026 （2.106）	1.105 （1.226）	1.047 （3.744）	1.026 （2.118）
模型 9	0.995 （−0.293）	0.983** （−1.968）	0.974 （−0.379）	1.005 （0.527）	0.974*** （−2.659）
模型 10	1.001 （0.215）	0.994*** （−5.89）	1.037 （3.251）	1.01 （7.773）	0.997** （−2.257）
模型 11	1.01 （0.948）	1.002 （0.518）	1.015 （0.358）	1.012 （4.29）	1.001 （0.275）

续表

模型	MSE	MAE	HMSE	HMAE	QLIKE
模型 12	0.999 （−0.506）	0.994*** （−6.142）	0.995 （−0.187）	1.005 （2.56）	0.996** （−1.789）
模型 13	0.998 （−0.509）	0.978*** （−9.45）	1.0 （0.011）	1.007 （1.121）	0.971*** （−4.645）
模型 14	1.001 （0.032）	0.987*** （−2.444）	1.02 （0.393）	1.014 （1.55）	0.97*** （−3.277）
模型 15	0.995 （−0.49）	0.975*** （−6.519）	0.935 （−1.173）	0.998 （−0.216	0.968*** （−4.178）

表 6-9　DM 检验结果（模型 4 和模型 0～模型 3，模型 5～模型 15 的比较）

模型	MSE	MAE	HMSE	HMAE	QLIKE
模型 0	1.002 （0.804）	0.999 （−0.827）	0.997 （−0.181）	1.005 （4.412）	1.0 （−0.362）
模型 1	0.952* （−1.374）	0.976*** （−2.668）	0.898*** （−2.592）	0.966*** （−4.523）	0.942*** （−7.842）
模型 2	1.003 （0.724）	0.997*** （−2.975）	0.998 （−0.078）	1.007 （5.308）	1.0 （−0.27）
模型 3	0.956 （−1.227）	0.986** （−1.799）	0.909 （−1.183）	0.963*** （−3.939）	0.966*** （−3.707）
模型 5	0.952 （−1.105）	0.978*** （−2.348）	0.884** （−1.824）	0.959*** （−4.338）	0.94*** （−6.54）
模型 6	1.0 （0.073）	0.999* （−1.381）	0.961* （−1.314）	0.995*** （−2.931）	0.999 （−0.419）
模型 7	0.955* （−1.437）	0.971*** （−3.472）	0.919** （−2.085）	0.975*** （−3.229）	0.941*** （−7.877）
模型 8	1.005 （0.132）	1.011 （1.261）	1.004 （0.117）	1.008 （1.192）	0.991* （−1.353）
模型 9	0.951* （−1.464）	0.969*** （−3.575）	0.885*** （−2.427）	0.968*** （−4.12）	0.941*** （−7.805）
模型 10	0.956 （−1.209）	0.98*** （−2.537）	0.942 （−0.783）	0.973*** （−2.873）	0.963*** （−3.938）
模型 11	0.965 （−0.977）	0.987* （−1.457）	0.923 （−0.693）	0.975*** （−2.399）	0.967*** （−3.207）
模型 12	0.955 （−1.225）	0.98*** （−2.486）	0.904 （−0.957）	0.968*** （−3.105）	0.962*** （−3.725）
模型 13	0.954 （−1.247）	0.964*** （−4.233）	0.909* （−1.586）	0.97*** （−3.233）	0.938*** （−6.91）
模型 14	0.956 （−0.898）	0.973*** （−2.447）	0.927 （−0.907）	0.977** （−1.952）	0.937*** （−5.484）
模型 15	0.951 （−1.253）	0.961*** （−4.274）	0.85* （−1.571）	0.961*** （−3.67）	0.934*** （−6.432）

表 6-10　DM 检验结果（模型 5 和模型 0～模型 4，模型 6～模型 15 的比较）

模型	MSE	MAE	HMSE	HMAE	QLIKE
模型 0	1.053 （1.119）	1.022 （2.247）	1.128 （2.129）	1.048 （4.826）	1.063 （6.486）
模型 1	1.001 （0.032）	0.998 （–0.185	1.016 （0.32）	1.007 （0.942）	1.002 （0.239）
模型 2	1.054 （1.105）	1.02 （1.965	1.13 （2.227）	1.051 （5.029）	1.063 （6.438）
模型 3	1.004 （0.424）	1.008 （2.676	1.029 （0.841）	1.004 （0.831）	1.027 （5.065）
模型 4	1.051 （1.105）	1.023 （2.348	1.132 （1.824）	1.043 （4.338）	1.064 （6.54）
模型 6	1.051 （1.079）	1.021 （2.167	1.088 （1.623）	1.038 （3.885）	1.063 （6.564）
模型 7	1.003 （0.157）	0.993 （–0.859）	1.04 （0.787）	1.017 （2.24）	1.001 （0.163）
模型 8	1.056 （1.274）	1.034 （2.604）	1.136 （1.969）	1.052 （4.414）	1.054 （4.689）
模型 9	0.999 （–0.033）	0.991 （–1.072）	1.002 （0.042）	1.01 （1.244）	1.001 （0.082）
模型 10	1.005 （0.427）	1.002 （0.564）	1.067 （1.865）	1.014 （2.775）	1.024 （4.65）
模型 11	1.014 （0.781）	1.01 （1.917）	1.044 （0.654）	1.017 （2.664）	1.028 （4.387）
模型 12	1.003 （0.322）	1.002 （0.672）	1.023 （0.42）	1.01 （1.748）	1.023 （4.11）
模型 13	1.002 （0.22）	0.986*** （–5.221）	1.029 （2.434）	1.012 （5.196）	0.998 （–1.031）
模型 14	1.005 （0.627）	0.995* （–1.513）	1.049 （1.686）	1.019 （3.607）	0.997 （–0.661）
模型 15	1.0 （–0.052）	0.983*** （–5.992）	0.962 （–0.82）	1.003 （0.694）	0.994* （–1.565）

表 6-11　DM 检验结果（模型 6 和模型 0～模型 5，模型 7～模型 15 的比较）

模型	MSE	MAE	HMSE	HMAE	QLIKE
模型 0	1.002 （0.375）	1.001 （0.483）	1.037 （2.729）	1.01 （5.088）	1.0 （0.157）
模型 1	0.952* （–1.34）	0.978*** （–2.478）	0.934** （–1.722）	0.97*** （–3.873）	0.943*** （–7.697）
模型 2	1.002 （0.471）	0.998 （–0.902）	1.039 （3.727）	1.012 （6.005）	1.0 （0.166）
模型 3	0.955 （–1.187）	0.987* （–1.583）	0.946 （–0.863）	0.968*** （–3.505）	0.966*** （–3.724）

续表

模型	MSE	MAE	HMSE	HMAE	QLIKE
模型 4	1.0 （−0.073）	1.001 （1.381）	1.04 （1.314）	1.005 （2.931）	1.001 （0.419）
模型 5	0.951 （−1.079）	0.979** （−2.167）	0.919* （−1.623）	0.963*** （−3.885）	0.941*** （−6.564）
模型 7	0.955* （−1.384）	0.972*** （−3.218）	0.957 （−1.147）	0.98*** （−2.573）	0.942*** （−7.68）
模型 8	1.005 （0.12）	1.013 （1.371）	1.045 （1.326）	1.013 （1.847）	0.992 （−1.24）
模型 9	0.951* （−1.43）	0.97*** （−3.389）	0.921** （−2.18）	0.973*** （−3.59）	0.942*** （−7.899）
模型 10	0.956 （−1.165）	0.981** （−2.284）	0.981 （−0.308）	0.977*** （−2.405）	0.964*** （−3.925）
模型 11	0.965 （−0.936）	0.989 （−1.231）	0.96 （−0.427）	0.979** （−2.006）	0.967*** （−3.253）
模型 12	0.955 （−1.184）	0.981** （−2.252）	0.94 （−0.718）	0.973*** （−2.741）	0.963*** （−3.81）
模型 13	0.954 （−1.208）	0.966*** （−3.975）	0.946 （−1.197）	0.974*** （−2.738）	0.939*** （−6.883）
模型 14	0.956 （−0.879）	0.974** （−2.278）	0.964 （−0.557）	0.981* （−1.57）	0.938*** （−5.499）
模型 15	0.951 （−1.234）	0.963*** （−4.155）	0.884* （−1.57）	0.966*** （−3.361）	0.935*** （−6.68）

表 6-12　DM 检验结果（模型 7 和模型 0～模型 6，模型 8～模型 15 的比较）

模型	MSE	MAE	HMSE	HMAE	QLIKE
模型 0	1.049 （1.456）	1.03 （3.412）	1.084 （2.251）	1.03 （3.897）	1.062 （7.909）
模型 1	0.997 （−0.408）	1.006 （3.055）	0.977*** （−5.86）	0.99*** （−8.51）	1.001 （0.479）
模型 2	1.05 （1.432）	1.027 （3.099）	1.086 （2.259）	1.033 （4.185）	1.062 （7.873）
模型 3	1.001 （0.054）	1.016 （1.804）	0.989 （−0.155）	0.987* （−1.292）	1.026 （2.558）
模型 4	1.047 （1.437）	1.03 （3.472）	1.088 （2.085）	1.025 （3.229）	1.062 （7.877）
模型 5	0.997 （−0.157）	1.007 （0.859）	0.961 （−0.787）	0.983** （−2.24）	0.999 （−0.163）
模型 6	1.047 （1.384）	1.029 （3.218）	1.045 （1.147）	1.02 （2.573）	1.061 （7.68）
模型 8	1.052 （1.298）	1.042 （3.354）	1.092 （2.284）	1.034 （3.815）	1.053 （6.032）

续表

模型	MSE	MAE	HMSE	HMAE	QLIKE
模型 9	0.996 （−0.63）	0.998 （−0.971）	0.963** （−2.25）	0.992*** （−3.88）	0.999 （−0.316）
模型 10	1.001 （0.089）	1.009 （1.08）	1.025 （0.345）	0.997 （−0.291）	1.023 （2.267）
模型 11	1.011 （0.591）	1.017 （1.873）	1.004 （0.033）	0.999 （−0.056）	1.027 （2.344）
模型 12	1.0 （−0.007）	1.009 （1.099）	0.983 （−0.174）	0.993 （−0.714）	1.022 （2.053）
模型 13	0.999 （−0.063）	0.993 （−0.774）	0.989 （−0.263）	0.994 （−0.783）	0.997 （−0.474）
模型 14	1.001 （0.054）	1.002 （0.243）	1.008 （0.124）	1.002 （0.161）	0.995 （−0.497）
模型 15	0.996 （−0.199）	0.991 （−1.072）	0.924 （−0.94）	0.986** （−1.712）	0.993 （−0.875）

表 6-13　DM 检验结果（模型 8 和模型 0～模型 7，模型 9～模型 15 的比较）

模型	MSE	MAE	HMSE	HMAE	QLIKE
模型 0	0.997 （−0.074）	0.988* （−1.339）	0.993 （−0.248）	0.996 （−0.51）	1.009 （1.316）
模型 1	0.948* （−1.378）	0.965*** （−2.827）	0.894*** （−2.838）	0.958*** （−4.945）	0.951*** （−5.977）
模型 2	0.998 （−0.056）	0.986* （−1.585）	0.994 （−0.192）	0.999 （−0.168）	1.009 （1.312）
模型 3	0.951 （−1.236）	0.975** （−2.106）	0.905 （−1.226）	0.955*** （−3.744）	0.975** （−2.118）
模型 4	0.995 （−0.132）	0.989 （−1.261）	0.996 （−0.117）	0.992 （−1.192）	1.009 （1.353）
模型 5	0.947 （−1.274）	0.967*** （−2.604）	0.88** （−1.969）	0.951*** （−4.414）	0.949*** （−4.689）
模型 6	0.995 （−0.12）	0.987* （−1.371）	0.957* （−1.326）	0.987** （−1.847）	1.009 （1.24）
模型 7	0.95* （−1.298）	0.96*** （−3.354）	0.916** （−2.284）	0.967*** （−3.815）	0.95*** （−6.032）
模型 9	0.947* （−1.398）	0.958*** （−3.425）	0.882*** （−2.926）	0.96*** （−4.546）	0.95*** （−5.942）
模型 10	0.952 （−1.209）	0.969*** （−2.618）	0.939 （−0.804）	0.964*** （−2.92）	0.972*** （−2.321）
模型 11	0.961 （−0.929）	0.976** （−1.893）	0.919 （−0.756）	0.967*** （−2.568）	0.975** （−1.891）
模型 12	0.95 （−1.234）	0.969*** （−2.585）	0.9 （−1.03）	0.96*** （−3.141）	0.971** （−2.281）

续表

模型	MSE	MAE	HMSE	HMAE	QLIKE
模型 13	0.949 （−1.219）	0.954*** （−3.779）	0.906** （−1.703）	0.962*** （−3.524）	0.947*** （−5.023）
模型 14	0.952 （−1.079）	0.962*** （−2.721）	0.923 （−1.06）	0.969*** （−2.431）	0.946*** （−4.315）
模型 15	0.947 （−1.268）	0.951*** （−3.757）	0.846** （−1.812）	0.953*** （−3.977）	0.943*** （−4.961）

表 6-14　DM 检验结果（模型 9 和模型 0～模型 8，模型 10～模型 15 的比较）

模型	MSE	MAE	HMSE	HMAE	QLIKE
模型 0	1.054 （1.467）	1.032 （3.465）	1.126 （2.933）	1.038 （4.703）	1.062 （7.716）
模型 1	1.001 （0.538）	1.008 （7.817）	1.014 （0.895）	0.998* （−1.595）	1.001 （0.778）
模型 2	1.054 （1.443）	1.029 （3.16	1.128 （3.052）	1.041 （4.967）	1.062 （7.668）
模型 3	1.005 （0.293）	1.017 （1.968）	1.027 （0.379）	0.995 （−0.527）	1.026 （2.659）
模型 4	1.052 （1.464）	1.032 （3.575）	1.13 （2.427）	1.033 （4.12）	1.063 （7.805）
模型 5	1.001 （0.033）	1.009 （1.072）	0.998 （−0.042）	0.99 （−1.244）	0.999 （−0.082）
模型 6	1.052 （1.43）	1.031 （3.389）	1.086 （2.18）	1.028 （3.59）	1.062 （7.899）
模型 7	1.004 （0.63）	1.002 （0.971）	1.039 （2.25）	1.008 （3.88）	1.001 （0.316）
模型 8	1.057 （1.398）	1.044 （3.425）	1.134 （2.926）	1.042 （4.546）	1.053 （5.942）
模型 10	1.006 （0.309）	1.011 （1.243）	1.065 （0.908）	1.005 （0.48）	1.024 （2.343）
模型 11	1.015 （0.681）	1.019 （1.923）	1.042 （0.408）	1.007 （0.638）	1.027 （2.42）
模型 12	1.004 （0.224）	1.011 （1.273）	1.021 （0.231）	1.0 （0.016）	1.023 （2.167）
模型 13	1.003 （0.172）	0.995 （−0.53）	1.027 （0.707）	1.002 （0.242）	0.997 （−0.377）
模型 14	1.005 （0.224）	1.004 （0.436）	1.047 （0.835）	1.009 （0.987）	0.996 （−0.44）
模型 15	1.0 （0.01）	0.992 （−0.886）	0.96 （−0.577）	0.993 （−0.86）	0.993 （−0.857）

表 6-15　DM 检验结果（模型 10 和模型 0～模型 9，模型 11～模型 15 的比较）

模型	MSE	MAE	HMSE	HMAE	QLIKE
模型 0	1.048 （1.23）	1.02 （2.444）	1.057 （0.836）	1.033 （3.358）	1.038 （3.881）
模型 1	0.996 （–0.245）	0.997 （–0.383）	0.953 （–0.663）	0.993 （–0.725）	0.978** （–2.22）
模型 2	1.048 （1.213）	1.018 （2.117）	1.059 （0.878）	1.036 （3.579）	1.038 （3.861）
模型 3	0.999 （–0.215）	1.006 （5.89）	0.964*** （–3.251）	0.99*** （–7.773）	1.003 （2.257）
模型 4	1.046 （1.209）	1.021 （2.537）	1.061 （0.783）	1.028 （2.873）	1.038 （3.938）
模型 5	0.995 （–0.427）	0.998 （–0.564）	0.938** （–1.865）	0.986*** （–2.775）	0.976*** （–4.65）
模型 6	1.046 （1.165）	1.019 （2.284）	1.02 （0.308）	1.023 （2.405）	1.038 （3.925）
模型 7	0.999 （–0.089）	0.991 （–1.08）	0.975 （–0.345）	1.003 （0.291）	0.978** （–2.267）
模型 8	1.051 （1.209）	1.032 （2.618）	1.065 （0.804）	1.037 （2.92）	1.029 （2.321）
模型 9	0.994 （–0.309）	0.989 （–1.243）	0.939 （–0.908）	0.995 （–0.48）	0.977*** （–2.343）
模型 11	1.009 （1.172）	1.008 （3.077）	0.979 （–0.43）	1.002 （0.888）	1.004 （1.367）
模型 12	0.998 （–1.056）	1.0 （0.177）	0.959 （–1.125）	0.995*** （–2.313）	0.999 （–0.439）
模型 13	0.997 （–0.704）	0.984*** （–7.749）	0.965 （–0.931）	0.997 （–0.475）	0.974*** （–4.304）
模型 14	1.0 （–0.003）	0.993* （–1.325）	0.983 （–0.322）	1.004 （0.499）	0.973*** （–3.098）
模型 15	0.995 （–0.446）	0.981*** （–4.488）	0.902* （–1.591）	0.988* （–1.482）	0.97*** （–3.835）

表 6-16　DM 检验结果（模型 11 和模型 0～模型 10，模型 12～模型 15 的比较）

模型	MSE	MAE	HMSE	HMAE	QLIKE
模型 0	1.038 （1.019）	1.012 （1.406）	1.08 （0.754）	1.031 （2.882）	1.034 （3.205）
模型 1	0.987 （–0.632）	0.989 （–1.163）	0.973 （–0.245）	0.991 （–0.852）	0.975** （–2.292）
模型 2	1.039 （1.011）	1.01 （1.113）	1.082 （0.792）	1.033 （3.099）	1.034 （3.203）

续表

模型	MSE	MAE	HMSE	HMAE	QLIKE
模型 3	0.99 （−0.948）	0.998 （−0.518）	0.985 （−0.358）	0.988*** （−4.29）	0.999 （−0.275）
模型 4	1.036 （0.977）	1.013 （1.457）	1.084 （0.693）	1.026 （2.399）	1.035 （3.207）
模型 5	0.986 （−0.781）	0.99** （−1.917）	0.958 （−0.654）	0.984*** （−2.664）	0.973*** （−4.387）
模型 6	1.036 （0.936）	1.011 （1.231）	1.042 （0.427）	1.021 （2.006）	1.034 （3.253）
模型 7	0.989 （−0.591）	0.983** （−1.873）	0.996 （−0.033）	1.001 （0.056）	0.974*** （−2.344）
模型 8	1.041 （0.929）	1.024 （1.893）	1.088 （0.756）	1.034 （2.568）	1.025 （1.891）
模型 9	0.985 （−0.681）	0.981** （−1.923）	0.959 （−0.408）	0.993 （−0.638）	0.973*** （−2.42）
模型 10	0.991 （−1.172）	0.992*** （−3.077）	1.021 （0.43）	0.998 （−0.888）	0.996* （−1.367）
模型 12	0.989 （−1.196）	0.992*** （−2.707）	0.98* （−1.411）	0.993*** （−4.017）	0.996*** （−2.724）
模型 13	0.988 （−1.242）	0.977*** （−6.331）	0.985 （−0.2）	0.995 （−0.719）	0.971*** （−4.107）
模型 14	0.991 （−0.417）	0.985*** （−2.418）	1.004 （0.065）	1.002 （0.228）	0.969*** （−3.295）
模型 15	0.985 （−0.783）	0.974*** （−4.399）	0.921* （−1.416）	0.986** （−1.664）	0.967*** （−4.039）

表 6-17　DM 检验结果（模型 12 和模型 0～模型 11，模型 13～模型 15 的比较）

模型	MSE	MAE	HMSE	HMAE	QLIKE
模型 0	1.049 （1.244）	1.02 （2.387）	1.103 （1.059）	1.038 （3.57）	1.039 （3.693）
模型 1	0.997 （−0.156）	0.996 （−0.401）	0.994 （−0.066）	0.997 （−0.249）	0.979** （−2.013）
模型 2	1.05 （1.226）	1.018 （2.067）	1.104 （1.109）	1.04 （3.783）	1.039 （3.684）
模型 3	1.001 （0.506）	1.006 （6.142）	1.005 （0.187）	0.995*** （−2.56）	1.004 （1.789）
模型 4	1.047 （1.225）	1.021 （2.486）	1.106 （0.957）	1.033 （3.105）	1.039 （3.725）
模型 5	0.997 （−0.322）	0.998 （−0.672）	0.978 （−0.42）	0.99** （−1.748）	0.977*** （−4.11）

续表

模型	MSE	MAE	HMSE	HMAE	QLIKE
模型 6	1.048 （1.184）	1.019 （2.252）	1.063 （0.718）	1.028 （2.741）	1.039 （3.81）
模型 7	1.0 （0.007）	0.991 （–1.099）	1.017 （0.174）	1.007 （0.714）	0.978** （–2.053）
模型 8	1.052 （1.234）	1.032 （2.585）	1.111 （1.03）	1.042 （3.141）	1.03 （2.281）
模型 9	0.996 （–0.224）	0.989 （–1.273）	0.979 （–0.231）	1.0 （–0.016）	0.978** （–2.167）
模型 10	1.002 （1.056）	1.0 （–0.177）	1.043 （1.125）	1.005 （2.313）	1.001 （0.439）
模型 11	1.011 （1.196）	1.008 （2.707）	1.021 （1.411）	1.007 （4.017）	1.004 （2.724）
模型 13	0.999 （–0.325）	0.984*** （–8.793）	1.006 （0.096）	1.002 （0.254）	0.975*** （–3.782）
模型 14	1.002 （0.094）	0.993* （–1.405）	1.025 （0.439）	1.009 （1.01）	0.974*** （–2.964）
模型 15	0.996 （–0.351）	0.981*** （–5.031）	0.94 （–1.173）	0.993 （–0.922）	0.971*** （–3.821）

表 6-18　DM 检验结果（模型 13 和模型 0～模型 12，模型 14，模型 15 的比较）

模型	MSE	MAE	HMSE	HMAE	QLIKE
模型 0	1.05 （1.266）	1.036 （4.141）	1.096 （1.843）	1.036 （3.764）	1.065 （6.909）
模型 1	0.998 （–0.102）	1.012 （1.411）	0.988 （–0.29）	0.996 （–0.569）	1.004 （0.54）
模型 2	1.051 （1.250）	1.034 （3.821）	1.098 （1.930）	1.039 （3.997）	1.065 （6.882）
模型 3	1.002 （0.509）	1.022 （9.45）	1.0 （–0.011）	0.993 （–1.121）	1.029 （4.645）
模型 4	1.048 （1.247）	1.037 （4.233）	1.1 （1.586）	1.031 （3.233）	1.066 （6.910）
模型 5	0.998 （–0.220）	1.014 （5.221）	0.972*** （–2.434）	0.989*** （–5.196）	1.002 （1.031）
模型 6	1.049 （1.208）	1.036 （3.975）	1.057 （1.197）	1.026 （2.738）	1.065 （6.883）
模型 7	1.001 （0.063）	1.007 （0.774）	1.011 （0.263）	1.006 （0.783）	1.003 （0.474）
模型 8	1.053 （1.219）	1.049 （3.779）	1.104 （1.703）	1.04 （3.524）	1.056 （5.023）
模型 9	0.997 （–0.172）	1.005 （0.53）	0.974 （–0.707）	0.998 （–0.242）	1.003 （0.377）

续表

模型	MSE	MAE	HMSE	HMAE	QLIKE
模型 10	1.003 （0.704）	1.016 （7.749）	1.037 （0.931）	1.003 （0.475）	1.027 （4.304）
模型 11	1.012 （1.242）	1.024 （6.331）	1.015 （0.200）	1.005 （0.719）	1.03 （4.107）
模型 12	1.001 （0.325）	1.016 （8.793）	0.994 （−0.096）	0.998 （−0.254）	1.026 （3.782）
模型 14	1.002 （0.151）	1.009 （1.943）	1.019 （0.56）	1.007 （1.296）	0.999 （−0.219）
模型 15	0.997 （−0.285）	0.997 （−0.912）	0.935 （−1.253）	0.991** −2.127）	0.996 （−0.953）

表 6-19　DM 检验结果（模型 14 和模型 0～模型 13，模型 15 的比较）

模型	MSE	MAE	HMSE	HMAE	QLIKE
模型 0	1.048 （0.917）	1.027 （2.376）	1.076 （1.02）	1.029 （2.36）	1.067 （5.461）
模型 1	0.996 （−0.182）	1.003 （0.366）	0.969 （−0.494）	0.989 （−1.234）	1.005 （0.558）
模型 2	1.049 （0.909）	1.025 （2.136）	1.077 （1.077）	1.031 （2.546）	1.067 （5.439）
模型 3	0.999 （−0.032）	1.013 （2.444）	0.981 （−0.393）	0.986* （−1.55）	1.031 （3.277）
模型 4	1.046 （0.898）	1.028 （2.447）	1.079 （0.907）	1.024 （1.952）	1.067 （5.484）
模型 5	0.995 （−0.627）	1.005 （1.513）	0.954** （−1.686）	0.981*** （−3.607）	1.003 （0.661）
模型 6	1.046 （0.879）	1.026 （2.278）	1.037 （0.557）	1.019 （1.570）	1.066 （5.499）
模型 7	0.999 （−0.054）	0.998 （−0.243）	0.992 （−0.124）	0.998 （−0.161）	1.005 （0.497）
模型 8	1.051 （1.079）	1.039 （2.721）	1.083 （1.06）	1.032 （2.431）	1.057 （4.315）
模型 9	0.995 （−0.224）	0.996 （−0.436）	0.955 （−0.835）	0.991 （−0.987）	1.004 （0.44）
模型 10	1.0 （0.003）	1.007 （1.325）	1.017 （0.322）	0.996 （−0.499）	1.028 （3.098）
模型 11	1.009 （0.417）	1.015 （2.418）	0.996 （−0.065）	0.998 （−0.228）	1.031 （3.295）
模型 12	0.998 （−0.094）	1.007 （1.405）	0.975 （−0.439）	0.991 （−1.01）	1.027 （2.964）
模型 13	0.998 （−0.151）	0.991** （−1.943）	0.981 （−0.56）	0.993* （−1.296）	1.001 （0.219）
模型 15	0.995 （−0.375）	0.988*** （−2.775）	0.917*** （−2.698）	0.984*** （−3.668）	0.997 （−0.624）

表 6-20　DM 检验结果（模型 15 和模型 0～模型 14 的比较）

模型	MSE	MAE	HMSE	HMAE	QLIKE
模型 0	1.053 （1.258）	1.04 （4.104）	1.173 （1.822）	1.045 （4.12）	1.07 （6.405）
模型 1	1.001 （0.065）	1.015 （1.775）	1.057 （0.657）	1.004 （0.532）	1.008 （0.956）
模型 2	1.054 （1.242）	1.037 （3.8）	1.175 （1.917）	1.048 （4.322）	1.07 （6.383）
模型 3	1.005 （0.49）	1.025 （6.519）	1.07 （1.173）	1.002 （0.216）	1.033 （4.178）
模型 4	1.051 （1.253）	1.04 （4.274）	1.177 （1.571）	1.04 （3.67）	1.07 （6.432）
模型 5	1.0 （0.052）	1.017 （5.992）	1.04 （0.82）	0.997 （–0.694）	1.006 （1.565）
模型 6	1.052 （1.234）	1.039 （4.155）	1.131 （1.57）	1.035 （3.361）	1.069 （6.68）
模型 7	1.004 （0.199）	1.01 （1.072）	1.082 （0.94）	1.015 （1.712）	1.007 （0.875）
模型 8	1.056 （1.268）	1.052 （3.757）	1.182 （1.812）	1.049 （3.977）	1.06 （4.961）
模型 9	1.0 （–0.01）	1.008 （0.886）	1.042 （0.577）	1.007 （0.86）	1.007 （0.857）
模型 10	1.005 （0.446）	1.019 （4.488）	1.109 （1.591）	1.012 （1.482）	1.031 （3.835）
模型 11	1.015 （0.783）	1.027 （4.399）	1.086 （1.416）	1.014 （1.664）	1.034 （4.039）
模型 12	1.004 （0.351）	1.019 （5.031）	1.064 （1.173）	1.007 （0.922）	1.03 （3.821）
模型 13	1.003 （0.285）	1.003 （0.912）	1.07 （1.253）	1.009 （2.127）	1.004 （0.953）
模型 14	1.005 （0.375）	1.012 （2.775）	1.091 （2.698）	1.016 （3.668）	1.003 （0.624）

6.3.4　稳健性分析

上面的实证结果表明，包含非对称和极端冲击信息的 GARCH-MIDAS 能很好地拟合股市收益率数据并且具有更好的预测精度，本节会使用多种方式来检验新模型样本外预测能力的稳健性。

1. 英国股票市场的研究

前面所有的结论都是基于美国股市数据，为了证明本章所扩展的模型在其他国家的股市波动率预测中同样有更好的预测能力，本节还将使用富时 100 指数（FTSE100）进行建模预测。该指数包含了伦敦证券交易所 100 家最具代表公司的股票，数据来源于雅虎金融。本节所收集的数据包含了从 2001 年 1 月到 2017 年 12 月共计 6582 个观测值，其中前 2291 个观测值作为样本内数据，其余观测值则作为样本外数据。对于 FTSE100 指数，同样使用 MCS 检验在五种不同的损失函数下对建立的 16 个模型进行比较。表 6-21 给出了 MCS 检验的结果，从检验结果可以看出在 MSE、MAE、HMAE 和 QLIKE 下通过 MCS 检验的模型均为添加了非对称和极端波动效应的模型。其中，模型 5 在 MAE 和 QLIKE 函数下是所有模型中表现最好的，模型 14 在 HMSE 损失函数下是所有模型中有最佳预测精度的，模型 15 在 MSE 和 HMAE 下有最佳的预测能力，而上述的这三种模型都是同时包含非对称和极端波动的拓展模型。因此，本节所得结果和前面美国市场的实证结果相似。简而言之，非对称和极端冲击信息的确有助于预测股市波动，这也说明本章所拓展模型的预测能力不仅在美国市场上适用，在英国股票市场上的预测也具有稳健的结果。

表 6-21　GARCH-MIDAS 及其拓展模型样本外 MCS 检验结果（FTSE100 指数）

模型	MSE	MAE	HMSE	HMAE	QLIKE
模型 0	0.057	0.001	**0.301**	0.003	0.000
模型 1	**0.154**	**0.660**	**0.912**	0.016	0.008
模型 2	0.053	0.000	**0.324**	0.003	0.000
模型 3	0.027	0.018	**0.912**	0.030	0.004
模型 4	0.048	0.001	**0.301**	0.003	0.000
模型 5	**0.462**	**1.000**	**0.912**	**0.338**	**1.000**
模型 6	0.061	0.001	**0.301**	0.003	0.000
模型 7	**0.191**	**0.918**	0.059	0.004	0.008
模型 8	**0.462**	**0.284**	**0.301**	0.004	0.000
模型 9	**0.462**	**0.495**	**0.912**	0.023	0.003
模型 10	0.044	0.042	**0.912**	0.044	0.008
模型 11	0.027	0.018	**0.912**	0.031	0.004
模型 12	0.027	**0.137**	**0.121**	0.005	0.004
模型 13	**0.462**	**0.918**	**0.912**	**0.728**	**0.389**
模型 14	**0.462**	**0.918**	**1.000**	**0.588**	**0.858**
模型 15	**1.000**	**0.243**	**0.912**	**1.000**	**0.138**

2. 采取不同的门限值

尽管选择适当的波动门限值对模型的预测性能至关重要，但目前还没有一个统一的标准来确定如何选定最好的门限值。可以发现，在式（6-11）～式（6-15）中任意选择不同的波动率门限值，可能导致实际的样本外预测结果截然不同。因此，为了确定预测结果的稳健性，本章还另外选取了两组不同的门限值 $\delta_1 = 0.05$，$\delta_2 = 0.95$ 以及 $\delta_1 = 0.15$，$\delta_2 = 0.85$。表 6-22 和表 6-23 分别给出了这两组门限值的 MCS 检验结果。从这两个表中可以得出与表 6-4 相似的结果，即添加了非对称或者门限效应的模型具有更好的预测能力。这个结果说明本章所扩展的模型在采取不同的门限值时其预测结果具有稳健性。

表 6-22　S&P500 指数在不同门限值下的 MCS 检验结果（$\delta_1 = 0.05$，$\delta_2 = 0.95$）

模型	MSE	MAE	HMSE	HMAE	QLIKE
模型 0	**0.523**	0.017	0.067	0.000	0.000
模型 1	**0.456**	0.017	**0.107**	0.000	0.081
模型 2	**0.523**	0.017	0.054	0.000	0.000
模型 3	**0.167**	0.017	0.067	0.001	0.000
模型 4	**0.465**	0.017	0.069	0.000	0.000
模型 5	**0.683**	0.017	**0.107**	0.002	**0.395**
模型 6	**0.523**	0.011	0.067	0.000	0.000
模型 7	**0.580**	0.017	0.004	0.000	0.137
模型 8	**0.523**	0.017	0.067	0.001	0.000
模型 9	**0.716**	0.017	**0.107**	0.004	0.081
模型 10	**0.170**	0.017	0.051	0.001	0.000
模型 11	**0.395**	0.017	0.006	0.000	0.000
模型 12	**0.716**	**1.000**	0.000	0.000	0.006
模型 13	**0.465**	0.017	0.004	0.001	**0.737**
模型 14	**0.450**	0.017	**1.000**	**1.000**	**0.494**
模型 15	**1.000**	0.017	0.067	0.002	**1.000**

表 6-23　S&P500 指数在不同门限值下的 MCS 检验结果（$\delta_1 = 0.15$，$\delta_2 = 0.85$）

模型	MSE	MAE	HMSE	HMAE	QLIKE
模型 0	**0.456**	0.011	**0.102**	0.000	0.000
模型 1	**0.595**	0.011	**0.381**	0.001	0.001

续表

模型	MSE	MAE	HMSE	HMAE	QLIKE
模型 2	**0.590**	0.011	0.092	0.000	0.000
模型 3	**0.600**	0.008	**0.664**	**0.652**	0.001
模型 4	**0.590**	0.011	**0.102**	0.000	0.000
模型 5	**0.974**	0.014	**0.664**	**1.000**	0.039
模型 6	**0.590**	0.010	**0.128**	0.000	0.000
模型 7	**0.590**	0.014	0.004	0.000	0.001
模型 8	**0.600**	0.011	0.092	0.004	0.000
模型 9	**0.600**	0.014	**0.487**	0.000	0.001
模型 10	**0.590**	0.014	**0.128**	0.002	0.001
模型 11	**0.590**	0.014	**0.487**	0.004	0.001
模型 12	**0.600**	**1.000**	0.000	0.000	0.000
模型 13	**0.600**	0.014	**0.486**	0.071	**0.136**
模型 14	**0.600**	0.014	**0.618**	**0.147**	**0.136**
模型 15	**1.000**	0.014	**1.000**	**0.148**	**1.000**

总的来看，本章对 Engle 等（2013）提出的 GARCH-MIDAS 模型进行了 15 种不同的扩展，使得其在长期和短期成分中都能捕获股市中的非对称和极端波动效应，随后本章将改进后的模型在 S&P500 指数上进行样本内参数估计和样本外波动率预测，从实证结果中能得出以下几个主要结论。

1）从样本内参数估计结果能得出的结论

从样本内样本的参数结果可以看出，各个模型的参数大都在统计意义下显著，说明 GARCH-MIDAS 及其扩展内模型可以很好地模拟股票市场的数据。对于包含非对称效应的模型，短期波动项中的非对称系数全都显著，这有力地说明了“坏消息”对股票波动率的短期影响大于“好消息”。然而，长期波动成分中的非对称系数在不同的模型中显著与否却各不相同，这说明长期成分的非对称效应对股市波动的影响要弱于短期波动项。对于包含极端波动效应的模型来说，大多数极端波动项的系数都显著，这说明股市中存在着强烈的极端波动效应。此外，从实证结果中对长期和短期项的估计结果还可以看出，股市中长期和短期的巨大负极端冲击会分别带来更大的长期波动和短期波动，然而正的极端冲击带来的波动就相对较小。

样本内参数估计结果可以说明，股票市场同时存在着非对称和极端波动效应，且非对称效应要强于极端波动效应，短期项的非对称效应要强于长期项的非对称效应。因此对于市场监管者和市场投资者要随时关注社会的非常规突发事件和政策改变，从而做出及时的应对措施来避免损失。

2）从样本外波动率预测能得出的结论

从 S&P500 指数的 MCS 检验结果来看，GARCH-MIDAS 模型及其拓展模型均能很好地预测股市波动，但标准的 GARCH-MIDAS 模型仅在 MSE 作为损失函数时显著，说明标准 GARCH-MIDAS 模型的预测能力逊色于能够捕获非对称和极端波动效应的 GARCH-MIDAS 模型。而模型 15 在四种损失函数下都保持显著且在三种损失函数下都有最好的预测结果，说明在长期和短期同时包含非对称和极端波动效应能有效地提升模型的预测能力。多种不同稳健性分析的结果表明，本章所扩展的模型能在不同的数据、检验方法中表现良好。

因此，样本外波动率预测结果可以说明，本章所扩展的 GARCH-MIDAS 模型能够有效提高波动率的预测精度，从而帮助市场参与者及时应对非常规突发事件带来的极端波动，也能帮助市场监管者更有效率地提出相应的措施。

考虑到模型的复杂程度，本章仅仅使用已实现波动率加入长期波动方程，而没有使用 CPI、失业率和 GDP 等外生变量。但已实现波动率作为长期波动影响因素具有一定的局限性，因此在后面的研究中可以考虑挖掘更具效率的优化算法来减少模型优化时间，在此基础上再添加其他外生变量从而更好地体现 GARCH-MIDAS 模型的优点。除此之外，由于金融时间序列往往呈尖峰厚尾的特点，所以数据往往不服从正态分布的假设，在后面的研究中还可以考虑使用 t 分布或者极值分布等来代替本章的标准正态分布。

第 7 章　非常规突发事件冲击下多元金融市场相关性影响研究：基于多元 GARCH 模型

7.1　基于 GARCH 族的金融市场相关性模型

在金融市场研究中，我们面临的往往不是单一市场，而是多个市场。如果这时仍然采用前面介绍的一元 GARCH 模型对股市的波动率进行刻画，则会大量丢失金融市场之间的相关性中包含的信息，多元 GARCH 模型随之产生。多元 GARCH 模型一方面和一元 GARCH 模型类似，能刻画各自市场的波动特点，另一方面又能够将不同市场间的关联特征考虑进去。最早提出的多元 GARCH 模型是 VECH 模型（Goldstein et al.，1994），但是该模型的待估计参数非常多，计算困难，而后在此模型的基础上提出了对角 VECH 模型（Islam et al.，2013），将参数矩阵定义为对称矩阵，大大减少了计算量。另一种多元 GARCH 模型相对 VECH 模型也大大简化了计算量，因其将参数矩阵设定为对角矩阵，该模型是 Diagonal-BEKK 模型（Chang and McAleer，2019）。还有一种多元 GARCH 模型相比前两种模型运用得更加广泛，该模型为 Full-BEKK 模型（Allen and McAleer，2018）。

7.1.1　对角 VECH 模型

对角 VECH(1, 1)模型对应的条件方差方程：

$$H_t = M + P\cdot(u_{t-1}u'_{t-1}) + Q\cdot H_{t-1} \tag{7-1}$$

模型中的对角二字体现在三个系数矩阵中，即矩阵 M、P、Q 均为对称的系数矩阵，且这三个系数矩阵对应的阶数相同，在这里将阶数设为 K。H_t 表示协方差矩阵，因该模型为多元 GARCH 模型，则式中的 H_t 不仅包括各变量自身的条件方差，也包含变量之间的条件协方差，u_{t-1} 是包含了所有变量的残差的一种表达形式。算子·表示的运算方式是两个矩阵之间元素与元素之间的乘积。以上的条件方差方程进一步可以表示为

$$(H_t)_{ij} = (M)_{ij} + (P)_{ij}(u_{i,t-1}u'_{j,t-1}) + (Q)_{ij}(H_{t-1})_{ij} \tag{7-2}$$

以上表现的是条件方差方程呈现出的具体的矩阵形式，$(H_t)_{ij}$ 表示 H_t 矩阵中

第 i 行 j 列的元素，当 $i=j$ 时，其值为各变量各自的条件方差，当 $i\neq j$ 时，其值表示各变量之间的条件协方差。$(M)_{ij}$ 表示 M 矩阵中第 i 行第 j 列的元素，其值表示条件方差方程的常数项。$(P)_{ij}$ 表示矩阵 P 中第 i 行第 j 列的元素，表示条件方差方程中的 ARCH 项系数矩阵。$(Q)_{ij}$ 表示矩阵 Q 中第 i 行第 j 列的元素，表示条件方差方程中的 GARCH 项系数矩阵。

最常用的对角 VECH 模型为二元对角 VECH 模型，其条件方差方程如下：

$$\begin{bmatrix} h_{11,t} & h_{12,t} \\ h_{21,t} & h_{22,t} \end{bmatrix} = \begin{bmatrix} \omega_1 & \omega_2 \\ \omega_2 & \omega_3 \end{bmatrix} + \begin{bmatrix} a_1 & a_2 \\ a_2 & a_3 \end{bmatrix} \cdot \begin{bmatrix} u_{1,t-1}^2 & u_{1,t-1}u_{2,t-1} \\ u_{1,t-1}u_{2,t-1} & u_{2,t-1}^2 \end{bmatrix} + \begin{bmatrix} b_1 & b_2 \\ b_2 & b_3 \end{bmatrix} \cdot \begin{bmatrix} h_{11,t-1} & h_{12,t-1} \\ h_{21,t-1} & h_{22,t-1} \end{bmatrix}$$

算子·表示矩阵元素与元素的乘积，则可得到方差方程：

$$h_{11,t} = \omega_1 + a_1 u_{1,t-1}^2 + b_1 h_{11,t-1} \tag{7-3}$$

$$h_{22,t} = \omega_3 + a_3 u_{2,t-1}^2 + b_3 h_{22,t-1} \tag{7-4}$$

$$h_{12,t} = \omega_2 + a_2 u_{1,t-1} u_{2,t-1} + b_2 h_{12,t-1} \tag{7-5}$$

相关系数为

$$\mathrm{Corr}(1,2) = h_{12,t} / \left(\sqrt{h_{11,t}}\sqrt{h_{22,t}}\right) \tag{7-6}$$

7.1.2 Diagonal-BEKK 模型

Diagonal-BEKK(1, 1)模型对应的条件方差方程：

$$H_t = CC' + A'\varepsilon_{t-1}\varepsilon_{t-1}'A + B'H_{t-1}B \tag{7-7}$$

H_t 表示协方差矩阵，是对称矩阵，该矩阵内的元素包括各变量自身的条件方差，也包含变量之间的条件协方差。矩阵 C、A、B 都是 $N\times N$ 的参数矩阵，其中 C 是一个下三角矩阵，A、B 为 $N\times N$ 的对称矩阵，且该两个矩阵中除主对角线上的元素外，其余各值全为 0。以上式子中的乘积不同于对角 VECH 模型中的元素与元素之间的乘积，而是矩阵与矩阵之间的乘积。该模型需要估计的参数个数为 $N\times(N+1)/2+2N$。

在实际研究中，最常用的是二元 Diagonal-BEKK(1, 1)模型，此时 N 的取值为 2，也就是说二元 Diagonal-BEKK(1, 1)模型需要估计的参数个数为 7 个。其具体的模型形式如下：

$$H_t = CC' + A'\varepsilon_{t-1}\varepsilon_{t-1}'A + B'H_{t-1}B$$

$$H_t = \begin{bmatrix} h_{11,t} & h_{12,t} \\ h_{21,t} & h_{22,t} \end{bmatrix},\quad C = \begin{bmatrix} c_{11} & 0 \\ c_{21} & c_{22} \end{bmatrix},\quad A = \begin{bmatrix} a_{11} & 0 \\ 0 & a_{22} \end{bmatrix},\quad B = \begin{bmatrix} b_{11} & 0 \\ 0 & b_{22} \end{bmatrix}$$

$h_{11,t}$ 表示第一个序列 t 时刻的方差，$h_{22,t}$ 表示第二个序列 t 时刻的方差，$h_{12,t}$ 表示第一个序列和第二个序列 t 时刻的协方差。由上述各矩阵可以看出，该模型需要估计的七个元素分别为 c_{11}、c_{21}、c_{22}、a_{11}、a_{22}、b_{11}、b_{22}。

将以上矩阵形式展开，可得到条件方差方程如下：

$$h_{11,t} = c_{11}^2 + a_{11}^2 \varepsilon_{1,t-1}^2 + b_{11}^2 h_{11,t-1} \tag{7-8}$$

$$h_{22,t} = c_{21}^2 + c_{22}^2 + a_{22}^2 \varepsilon_{2,t-1}^2 + b_{22}^2 h_{22,t-1} \tag{7-9}$$

$$h_{12,t} = c_{11} c_{21} + a_{11} a_{22} \varepsilon_{1,t-1} \varepsilon_{2,t-1} + b_{11} b_{22} h_{12,t-1} \tag{7-10}$$

相关系数为

$$\text{Corr}(1,2) = h_{12,t} / \left(\sqrt{h_{11,t}} \sqrt{h_{22,t}} \right)$$

7.1.3　Full-BEKK 模型

Full-BEKK 模型是在 1990 年的一篇未发表的手稿的基础上提出的（Baba et al., 1990）。该手稿是由四个人研究提出的，分别是 Baba、Engle、Kraft 和 Kroner。BEKK 即是由这四个人名字的首字母命名的。

BEKK 模型解决了一般多元 GARCH 模型建模中的三个难题。

（1）维数灾难问题，该模型相对于最初提出的 VECH 模型来说，待估计参数的个数有了明显的减少。

（2）条件协方差矩阵 H_t 的正定性，对于一般的向量表达式来说，对所有的 ε_t，要求矩阵 H_t 必须是正定的，但通常正定的条件很难得到，而 BEKK 表达式的优点在于它可以很方便地寻找到 H_t 正定的约束条件。

（3）该设定允许多个变量的条件方差过程之间可以相互影响，避免了对角多元 GARCH 模型设定的弱点，可以探究不同变量之间的波动是否互相影响。

与上述 Diagonal-BEKK(1, 1)模型不同，该模型并不假定矩阵 A、B 为对角矩阵。矩阵 A 为 ARCH 项的系数，矩阵 B 为 GARCH 项的系数。矩阵 C、A、B 都是 $N \times N$ 的参数矩阵，其中 C 是一个下三角矩阵，A、B 为 $N \times N$ 的参数矩阵。H_t 表示协方差矩阵，该矩阵是对称矩阵。

该模型所对应的条件方差方程为

$$H_t = CC' + A' \varepsilon_{t-1} \varepsilon_{t-1}' A + B' H_{t-1} B$$

$$H_t = \begin{bmatrix} h_{11,t} & h_{12,t} \\ h_{21,t} & h_{22,t} \end{bmatrix},\quad C = \begin{bmatrix} c_{11} & 0 \\ c_{21} & c_{22} \end{bmatrix},\quad A = \begin{bmatrix} a_{11} & a_{12} \\ a_{21} & a_{22} \end{bmatrix},\quad B = \begin{bmatrix} b_{11} & b_{12} \\ b_{21} & b_{22} \end{bmatrix}$$

$h_{11,t}$ 表示第一个序列 t 时刻的方差，$h_{22,t}$ 表示第二个序列 t 时刻的方差，$h_{12,t}$ 表示第一个序列和第二个序列 t 时刻的协方差。由此可以看出，针对二元变量的情况下，Full-BEKK(1, 1)模型比 Diagonal-BEKK(1, 1)模型实际多了四个待估计的参数，分别为 a_{12}、a_{21}、b_{12}、b_{21}，而这四个参数能够描述不同市场间的波动是否互相影响。

将以上矩阵形式展开，可得到条件方差方程如下：

$$h_{11,t}=c_{11}^2+a_{11}^2\varepsilon_{1,t-1}^2+2a_{11}a_{21}\varepsilon_{1,t-1}\varepsilon_{2,t-2}+a_{21}^2\varepsilon_{2,t-1}^2+b_{11}^2h_{11,t-1}+2b_{11}b_{21}h_{12,t-1}+b_{21}^2h_{22,t-1} \quad (7\text{-}11)$$

$$h_{22,t}=c_{21}^2+c_{22}^2+a_{12}^2\varepsilon_{1,t-1}^2+2a_{12}a_{22}\varepsilon_{1,t-1}\varepsilon_{2,t-2}+a_{22}^2\varepsilon_{2,t-1}^2+b_{12}^2h_{11,t-1}+2b_{12}b_{22}h_{12,t-1}+b_{22}^2h_{22,t-1} \quad (7\text{-}12)$$

$$\begin{aligned}h_{12,t}=&c_{11}c_{21}+a_{11}a_{12}\varepsilon_{1,t-1}^2+(a_{21}a_{12}+a_{11}a_{22})\varepsilon_{1,t-1}\varepsilon_{2,t-1}+a_{21}a_{22}\varepsilon_{2,t-1}^2+b_{11}b_{12}h_{11,t-1}\\&+(b_{21}b_{12}+b_{11}b_{22})h_{12,t-1}+b_{21}b_{22}h_{22,t-1}\end{aligned} \quad (7\text{-}13)$$

其中，$h_{11,t}$ 和 $h_{22,t}$ 分别为市场 1 和市场 2 的对数收益率在 t 时刻的条件方差，$h_{12,t}$ 为两者之间的条件协方差。矩阵 A 中的系数 a_{11} 和 a_{22} 分别为市场 1 和市场 2 的对数收益率序列自身波动的 ARCH 效应，矩阵 B 中的系数 b_{11} 和 b_{22} 分别为市场 1 和市场 2 的对数收益率序列自身波动的 GARCH 效应。矩阵 A 中的系数 a_{12} 和 a_{21} 分别为市场 1 对市场 2、市场 2 对市场 1 的冲击传导效应，矩阵 B 中的系数 b_{12} 和 b_{21} 分别为市场 1 对市场 2、市场 2 对市场 1 的波动传导效应。对于条件方差方程，这里采用极大似然估计的方法估计待估参数。由模型可知，残差 ε_t 服从条件正态分布，设 θ 表示待估参数向量，则所对应的对数似然函数为

$$L(\theta)=-(TN/2)\log(2\pi)-(1/2)\sum_{t=1}^{T}(\ln|H_t|+\varepsilon_t'H_t^{-1}\varepsilon_t) \quad (7\text{-}14)$$

其中，$L(\theta)$ 为对数似然函数，T 为有样本中数据的个数，t 为数据所观测的时刻，N 为待估计的参数的个数，ε_t 为残差序列。Full-BEKK(1, 1)模型最大的特点就是能够反映两个数据序列波动之间的互相影响关系。当 $a_{21}=b_{21}=0$ 时，由上述第一个序列的条件方差 $h_{11,t}$ 表达式可知，此时可表达为

$$h_{11,t}=c_{11}^2+a_{11}^2\varepsilon_{1,t-1}^2+b_{11}^2h_{11,t-1} \quad (7\text{-}15)$$

由该式可知，第一个序列的条件方差只受自身残差平方的滞后以及自身条件方差滞后的影响，而不受第二个序列的影响。当 $a_{12}=b_{12}=0$ 时，由上述第二个序列的条件方差 $h_{22,t}$ 表达式可知，此时可表达为

$$h_{22,t}=c_{21}^2+c_{22}^2+a_{22}^2\varepsilon_{2,t-1}^2+b_{22}^2h_{22,t-1} \quad (7\text{-}16)$$

由该式可知，第二个序列的条件方差同样也受自身残差平方的滞后以及自身条件方差滞后的影响，而不受第一个序列的影响。所以，可以通过检验这些参数是否显著为 0，来检验两个序列之间是否存在波动的相互影响关系。即有如下的结论，若 $a_{21}=b_{21}=a_{12}=b_{12}=0$，则两个市场的波动之间互相不存在影响关系；若 $a_{21}=b_{21}=0$，则不存在第二个市场向第一个市场的波动影响关系；若 $a_{12}=b_{12}=0$，则不存在第一个市场向第二个市场的波动影响关系。

相关系数为

$$\mathrm{Corr}(1,2)=h_{12,t}/\left(\sqrt{h_{11,t}}\sqrt{h_{22,t}}\right)$$

7.2　变结构 BEKK 模型下金融市场相关性建模

7.2.1　模型构建

由 7.1.3 节可知，Full-BEKK(1, 1)模型的拟合效果是优于对角 VECH(1, 1)模型和 Diagonal-BEKK(1, 1)模型的。并且 Full-BEKK(1, 1)模型并没有对参数矩阵的形式进行限制，能够反映股市波动之间的相互影响，是多元 GARCH 模型中具有代表性以及常用的模型。

Full-BEKK(1, 1)模型既能够反映单一市场的波动性，也能够捕捉到多个市场之间的相关性。该模型所需要估计的参数也不是特别多，没有造成估计困难，并且该模型有效地保持了条件方差矩阵的正定性。本节将重大突发事件以虚拟变量的形式引入 Full-BEKK(1, 1)模型中，以重大事件发生的时间节点为变点，引入虚拟变量 D_t，该虚拟变量的取值为 0 或者 1。在重大事件发生前，D_t 的取值为 0，在重大事件发生后，D_t 的取值为 1。此模型对于研究重大事件冲击下的金融市场之间的相关性更加贴切。

由于这里讨论的依然是二元模型，则引入虚拟变量的二元 Full-BEKK(1, 1)模型的条件异方差模型可以表示为

$$H_t = CC' + A'\varepsilon_{t-1}\varepsilon'_{t-1}A + B'H_{t-1}B + KD_t$$

$$H_t = \begin{bmatrix} h_{11,t} & h_{12,t} \\ h_{21,t} & h_{22,t} \end{bmatrix},\ C = \begin{bmatrix} c_{11} & 0 \\ c_{21} & c_{22} \end{bmatrix},\ A = \begin{bmatrix} a_{11} & a_{12} \\ a_{21} & a_{22} \end{bmatrix},\ B = \begin{bmatrix} b_{11} & b_{12} \\ b_{21} & b_{22} \end{bmatrix},\ K = \begin{bmatrix} k_{11} & k_{12} \\ k_{21} & k_{22} \end{bmatrix}$$

将以上矩阵形式展开，可得到条件方差方程如下：

$$h_{11,t} = c_{11}^2 + a_{11}^2\varepsilon_{1,t-1}^2 + 2a_{11}a_{21}\varepsilon_{1,t-1}\varepsilon_{2,t-2} + a_{21}^2\varepsilon_{2,t-1}^2 + b_{11}^2h_{11,t-1} + 2b_{11}b_{21}h_{12,t-1} + b_{21}^2h_{22,t-1} + k_{11}D_t \tag{7-17}$$

$$h_{22,t} = c_{21}^2 + c_{22}^2 + a_{12}^2\varepsilon_{1,t-1}^2 + 2a_{12}a_{22}\varepsilon_{1,t-1}\varepsilon_{2,t-2} + a_{22}^2\varepsilon_{2,t-1}^2 + b_{12}^2h_{11,t-1} + 2b_{12}b_{22}h_{12,t-1} + b_{22}^2h_{22,t-1} + k_{22}D_t \tag{7-18}$$

$$\begin{aligned} h_{12,t} = {} & c_{11}c_{21} + a_{11}a_{12}\varepsilon_{1,t-1}^2 + (a_{21}a_{12} + a_{11}a_{22})\varepsilon_{1,t-1}\varepsilon_{2,t-1} + a_{21}a_{22}\varepsilon_{2,t-1}^2 + b_{11}b_{12}h_{11,t-1} \\ & + (b_{21}b_{12} + b_{11}b_{22})h_{12,t-1} + b_{21}b_{22}h_{22,t-1} + k_{12}D_t \end{aligned} \tag{7-19}$$

对比 Full-BEKK(1, 1)模型条件方差方程的展开式可知，引入虚拟变量后的 Full-BEKK(1, 1)模型的方差方程展开式中，第一个序列的条件方差 $h_{11,t}$ 的影响因素多了一项 $k_{11}D$，第二个序列的条件方差 $h_{22,t}$ 的影响因素多了一项 $k_{22}D$，两个序列的条件协方差的影响因素多了一项 $k_{12}D$。若 k_{11} 显著不为 0，说明重大事件的发生对市场 1 产生了冲击波；若 k_{22} 显著不为 0，说明重大事件的发生对市场 2 产生了冲击波；若 k_{12} 显著不为 0，则说明重大事件的发生对市场 1 和市场 2 之间的条件协方差产生了冲击波。

相关系数为

$$\mathrm{Corr}(1,2) = h_{12,t} / \left(\sqrt{h_{11,t}}\sqrt{h_{22,t}}\right)$$

7.2.2 样本及描述性统计

1. 突发事件及样本的选择

这里选择的突发重大事件是2017年英国大选，英国大选是指英国选举最高立法机构英国国会议员的选举。2017年4月18日，英国首相特蕾莎·梅宣布英国将在2017年6月8日举行大选，以便新政府更好地代表英国与欧盟进行脱欧谈判。英国大选投票结果出现“悬浮会议”后，国际股票市场出现了动荡。大选结果公布后当天的情况如下。

欧洲方面：英国富时100指数跌28点或0.4%，报7449点；德国DAX指数升41点或0.3%，报12 713点；法国CAC40指数微跌1点，收报5264点。英国10年期公债收益率跌3个基点至1.00%。英镑大跌超过2%，最低触及1.2632，创英国脱欧以来最大单日跌幅。英镑贸易加权指数跌至76.4，刷新11周来新低，成为一年以来单日跌幅最大。

亚洲方面：MSCI明晟亚太地区（除日本）指数升0.2%，日经指数涨0.7%，汇丰银行和渣打银行股价亚盘下跌大约1%。

美国方面：道琼斯工业指数收高8.84点，或0.04%，至21 182.53点；标准普尔500指数收涨0.65点，或0.03%，至2433.79点；纳斯达克指数收升24.38点，或0.39%，至6321.76点。

大宗商品方面：现货黄金下跌0.3%，每盎司报1274.30美元；美国WTI原油期货小幅下跌0.03美元，每桶报45.61美元；布伦特原油期货跌0.04美元至47.82美元。

因此，本节的数据不同于大多数学者选取的周数据或者日数据，而是选取5min高频数据，因为高频数据更能够充分反映股票市场受到外部冲击影响，从而得到更可靠的推断。同时，本节金融市场选取欧洲三大股指：英国富时100指数、法国CAC40指数、德国DAX指数。选取的样本区间为2017年5月31日至2017年6月14日。考虑到各国存在时差，均采用英国夏令时（BST），并剔除交易时间不重合的数据。数据来源为WIND数据库。

在以下的研究中，均采用指数的对数收益率进行研究。对数收益率 r_t 由以下计算式得出：

$$r_t = \ln(p_t) - \ln(p_{t-1}) \tag{7-20}$$

其中，p_t 为 t 时刻的股票价格，p_{t-1} 为 t−1时刻的股票价格。

2. 正态性检验

正态分布的曲线两边低，中间高，若随机变量 X 的期望为 μ，方差为 σ^2，其概率密度函数为 $\frac{1}{\sqrt{2\pi\sigma}}\exp\left(-\frac{(x-\mu)^2}{2\sigma^2}\right)$，则 X 服从正态分布。在这里，采用 JB 统计量来检验数据的正态性。JB 统计量（Thadewald and Büning，2007）的值是由数据的偏度 S 和峰度 K 以及样本内的数据个数来决定的。

$$S=\sum(x_t-\overline{x})^3/n\sigma^3 \tag{7-21}$$

$$K=\sum(x_t-\overline{x})^4/n\sigma^4 \tag{7-22}$$

$$\mathrm{JB}=n/6[S^2+(K-3)^2/4] \tag{7-23}$$

其中，S 为偏度，x_t 表示样本在 t 时刻下的观测值，$\overline{x}$ 表示样本的均值，σ 表示样本的标准差，K 为峰度，n 表示样本内所含的数据个数。正态分布的偏度为 0，峰度为 3，JB 统计量是用来衡量偏度和峰度偏离 0 和 3 程度的统计量。而 JB 统计量对应的概率 p 值，如果该值大于 0.05，则接受原假设，即序列服从正态分布，若该值是小于 0.05 的，则拒绝原假设，即序列不服从正态分布。将三个股指的对数收益率分别导入 EVIEWS 软件，得到了以下描述性统计量，包括均值、标准差、偏度、峰度、JB 统计量及其对应的 p 值。

表 7-1　三大股市收益率的基本统计特征

股指	均值	标准差	偏度	峰度	JB 统计量	p 值
英国富时 100	0.000 010 5	0.062 597	1.657 913	31.233 93	42 124.81	0.000
法国 CAC40	0.000 337	0.082 093	0.383 940	21.864 46	18 580.34	0.000
德国 DAX	0.001 685	0.068 107	0.428 046	14.787 85	7 281.146	0.000

由表 7-1 可知，英国富时 100 指数、法国 CAC40 指数、德国 DAX 指数的股指收益率序列的标准差分别为 0.062 597、0.082 093、0.068 107，说明三只股指的波动的差异程度不大，相较而言，法国 CAC40 指数的波动是最大的，英国富时 100 指数的波动是最小的。三只股指收益率的偏度分别为 1.657 913、0.383 940、0.428 046，三个数值均不为 0，且大于 0，说明三个序列均是右偏的；三只股指收益率的峰度分别为 31.233 93、21.864 46、14.787 85，且大于 3，则相对于正态分布有过度的峰度，更加陡峭；三只股指收益率的 JB 统计量分别为 42 124.81、18 580.34、7281.146，三个数值均较大，且对应的概率 p 值分别均为 0，表明三个序列均拒绝正态分布的原假设，即三只股指收益率均不服从正态分布。

3. 平稳性检验

检验序列平稳性常见的两种方法是 DF 检验和 ADF 检验（Yung and Bentler，1994），下面介绍这两种检验方法的基本原理。

先考虑以下三种回归模型，其不同之处在于第一个模型不含截距项、第二个模型含截距项但不含趋势项、第三个模型含截距项和趋势项，具体的形式如下：

$$y_t = \rho y_{t-1} + \varepsilon_t \tag{7-24}$$

$$y_t = a + \rho y_{t-1} + \varepsilon_t \tag{7-25}$$

$$y_t = a + \delta_t + \rho y_{t-1} + \varepsilon_t \tag{7-26}$$

其中，y_t 为时间序列，ρ 为系数，ε_t 独立同分布于均值为零、方差为 σ^2 的正态分布，a 为截距项，δ_t 为时间趋势。平稳序列的判断依据是 $|\rho|$ 的取值。若该值小于 1，则时间序列 y_t 是平稳的；若该值等于 1，则时间序列为随机游走模型，是非平稳的序列，但其一阶差分是平稳的；若该值大于 1，则 y_t 是发散的。

而 DF 检验就是考虑上述形式的一阶差分，则上述三种模型变为

$$\Delta y_t = \gamma y_{t-1} + \varepsilon_t \tag{7-27}$$

$$\Delta y_t = a + \gamma y_{t-1} + \varepsilon_t \tag{7-28}$$

$$\Delta y_t = a + \delta_t + \gamma y_{t-1} + \varepsilon_t \tag{7-29}$$

其中，$\gamma = \rho - 1$，则判断序列是否平稳的标准从检验 ρ 是否为 1 转换为检验 γ 是否为 0。但是上述的模型都只是假设序列为 AR(1)的情况下才成立的，而没有考虑高阶滞后项，所以在此后引入 ADF 检验。则 ADF 检验对应的三种模型如下：

$$\Delta y_t = \gamma y_{t-1} + \sum_{i=1}^{l} \beta_i \Delta y_{t-i} + \varepsilon_t \tag{7-30}$$

$$\Delta y_t = a + \gamma y_{t-1} + \sum_{i=1}^{l} \beta_i \Delta y_{t-i} + \varepsilon_t \tag{7-31}$$

$$\Delta y_t = a + \delta_t + \gamma y_{t-1} + \sum_{i=1}^{l} \beta_i \Delta y_{t-i} + \varepsilon_t \tag{7-32}$$

l 表示因变量的滞后阶数，ADF 检验采用 t 统计量进行检验，Mackinnon（1996）给出了 t 统计量在 1%、5%、10%检验水平下的临界值。如果 t 统计量的值小于临界值，则表示时间序列是平稳的。

将英国富时 100 指数、法国 CAC40 指数和德国 DAX 指数三只股指的对数收益率分别导入 EVIEWS 软件，进行 ADF 检验，得到了三只股指的 ADF 检验结果。具体的检验结果见表 7-2～表 7-4。

表 7-2　英国富时 100 指数的 ADF 检验

		t 统计量	p 值
ADF 统计检验		−31.972 30	0.000 0
检验水平	1%水平	−2.566 813	
	5%水平	−1.941 077	
	10%水平	−1.616 529	

表 7-3　法国 CAC40 指数的 ADF 检验

		t 统计量	p 值
ADF 统计检验		−30.598 09	0.000 0
检验水平	1%水平	−3.435 369	
	5%水平	−2.863 644	
	10%水平	−2.567 940	

表 7-4　德国 DAX 指数的 ADF 检验

		t 统计量	p 值
ADF 统计检验		−33.451 78	0.000 0
检验水平	1%水平	−2.566 813	
	5%水平	−1.941 077	
	10%水平	−1.616 529	

由表 7-2、表 7-3、表 7-4 列出的 ADF 检验结果可知，各收益率序列对应的 ADF 检验的 t 统计量的值均小于 1%、5%以及 10%检验水平下的临界值，且所对应的 p 值非常小，因此以上序列均为平稳序列。

4. 自相关性检验

检验序列自相关性，即检验随机误差项的各项期望之间是否存在相关关系。自相关函数度量的是同一事件在两个不同时期的相关程度，也就是指度量自己过去的行为对现在行为的影响；偏相关函数则是当研究某一要素对另一要素的影响或相关程度时，把其他要素的影响剔除后，两个要素之间直接的相互依赖关系。通过 EVIEWS 软件给出了自相关性，其中包括各滞后阶自相关函数值、偏相关函数值、Q 统计量值以及所对应的 p 值。检验是否建立 MA 模型，即判断平稳序列的自相关函数是否在 q 步截尾，只需检验 $|\hat{\rho}_{q+i}| \leqslant \frac{2}{\sqrt{n}}\left(1+2\sum_{l=1}^{q}\hat{\rho}_l^2\right)^{\frac{1}{2}}$；检验是否建立 AR 模型，

即检验平稳序列的偏相关函数是否在 p 步截尾，只需验证 $|\hat{\varphi}_{(p+i)(p+i)}|\leqslant\frac{2}{\sqrt{N}}$。

将三只股指的对数收益率分别导入 EVIEWS 软件，得到了三只股指的相关性检验结果。表 7-5、表 7-6、表 7-7 分别为英国富时 100 指数、法国 CAC40 指数、德国 DAX 指数收益率的自相关检验结果。

表 7-5　英国富时 100 指数收益率自相关检验

滞后期	自相关系数	偏相关系数	Q 统计量	p 值
1	0.101	0.101	12.764	0.000
2	0.017	0.007	13.139	0.001
3	0.002	−0.001	13.143	0.004
4	−0.024	−0.024	13.839	0.008
5	0.014	0.019	14.090	0.015
6	0.014	0.011	14.338	0.026
7	−0.052	−0.056	17.764	0.013
8	−0.009	0.001	17.873	0.022
9	−0.015	−0.012	18.169	0.033

表 7-6　法国 CAC40 指数收益率自相关检验

滞后期	自相关系数	偏相关系数	Q 统计量	p 值
1	0.143	0.143	25.541	0.000
2	0.016	−0.004	25.870	0.000
3	0.015	0.014	26.162	0.000
4	0.007	0.003	26.217	0.000
5	0.018	0.017	26.613	0.000
6	0.030	0.026	27.761	0.000
7	−0.028	−0.037	28.775	0.000
8	−0.029	−0.021	29.826	0.000
9	0.043	0.050	32.117	0.000

表 7-7　德国 DAX 指数收益率自相关检验

滞后期	自相关系数	偏相关系数	Q 统计量	p 值
1	0.055	0.055	3.8039	0.049
2	0.009	0.006	3.9032	0.142
3	0.009	0.008	4.0033	0.261

续表

滞后期	自相关系数	偏相关系数	Q 统计量	p 值
4	−0.009	−0.010	4.1003	0.393
5	0.013	0.014	4.3107	0.506
6	−0.005	−0.007	4.3470	0.630
7	−0.001	−0.000	4.3477	0.739
8	−0.049	−0.049	7.3430	0.500
9	0.034	0.040	8.7690	0.459

由表 7-5 可知，英国富时 100 指数收益率所对应的自相关函数和偏相关函数均在滞后一阶的情况下截尾，其对应的概率 p 值为 0.0003，说明在 1%水平下，英国富时 100 指数收益率的一阶自相关性显著；由表 7-6 可知，法国 CAC40 指数所对应的自相关函数和偏相关函数均在滞后一阶的情况下截尾，其对应的概率 p 值为 0.0000，说明在 1%水平下，法国 CAC40 指数收益率一阶自相关性显著；由表 7-7 可知，德国 DAX 指数收益率所对应的自相关函数和偏相关函数均在滞后一阶的情况下截尾，其对应的概率 p 值为 0.0049，说明在 5%水平下，德国 DAX 指数收益率的一阶自相关性显著。

通过比较参数的显著性以及遵守 AIC 值越小越好的准则，最后确定英国富时 100 指数收益率、法国 CAC40 指数收益率、德国 DAX 指数收益率的均值方程均使用一阶自回归模型 AR(1)来表示，表 7-8 为三个序列均值方程对应的检验结果。

表 7-8　三个序列均值方程的检验结果

AR（1）	系数	t 统计量	p 值
英国富时 100	0.100 89	3.587 634	0.000 3
法国 CAC40	0.142 863	5.101 937	0.000 0
德国 DAX	0.055 63	1.970 537	0.004 9

由表 7-8 可知，英国富时 100 指数收益率、法国 CAC40 指数收益率、德国 DAX 指数收益率所对应的均值方程的参数检验的概率 p 值分别为 0.0003、0.0000、0.0049。由此可知，英国富时 100 指数和法国 CAC40 指数对应的均值方程的参数显著，显著性水平为 1%；德国 DAX 指数对应的均值方程的参数显著，显著性水平为 5%。其对应的均值方程的具体形式如下。

英国富时 100 指数的均值方程：

$$\mathrm{Yr}_t = 0.100\ 89\mathrm{Yr}_{t-1} + \mu_t$$

法国 CAC40 指数的均值方程：

$$\mathrm{Fr}_t = 0.142\,863\mathrm{Fr}_{t-1} + \mu_t$$

德国 DAX 指数的均值方程：

$$\mathrm{Dr}_t = 0.055\,63\mathrm{Dr}_{t-1} + \mu_t$$

Yr_t 表示英国富时 100 指数在 t 时刻的对数收益率，Fr_t 表示法国 CAC40 指数在 t 时刻的对数收益率，Dr_t 表示德国 DAX 指数在 t 时刻的对数收益率，μ_t 表示各均值方程中的随机误差项。

采用 Q 统计量的检验方法检验各均值方程对应的残差序列的自相关性，结果见表 7-9。

表 7-9　各序列均值方程的残差自相关性检验结果

滞后期	英国富时 100		法国 CAC40		德国 DAX	
	Q 统计量	伴随概率	Q 统计量	伴随概率	Q 统计量	伴随概率
1	0.0003		0.0074		0.0002	
2	0.0377	0.85	0.0695	0.79	0.0180	0.89
3	0.0439	0.97	0.3183	0.85	0.1341	0.93
4	0.8869	0.82	0.3247	0.95	0.2447	0.97
5	1.2076	0.87	0.5581	0.96	0.5133	0.97
6	1.6009	0.90	1.9224	0.86	0.5607	0.99
7	5.0055	0.54	2.8982	0.82	0.5706	0.99
8	5.1103	0.65	4.1003	0.76	3.6263	0.82
9	11.788	0.74	7.9494	0.43	5.3806	0.71
10	11.886	0.22	11.744	0.22	5.8620	0.75

由表 7-9 可知，英国富时 100 指数、法国 CAC40 指数、德国 DAX 指数的均值方程对应的残差经过自相关性检验后的 Q 统计量对应的 p 值都很大，即序列经以上均值方程拟合后的残差已不再具有自相关性。

5. ARCH 效应检验

对于金融时间序列，方差通常是时变的，表现出波动聚集性，表现出异方差性。ARCH 模型能够很好地刻画金融时间序列这种波动聚集性，假定误差项的条件方差与其误差项滞后的平方有关。检验 ARCH 效应有两种方法：残差平方的相关检验和 ARCH LM 检验。此处，首先采用残差平方的相关检验方法来检验是否具有 ARCH 效应，再使用 ARCH LM 检验（Sjölander，2011）进一步检验 ARCH 效应。

1）残差平方的相关检验法

检验结果给出任意指定的滞后期 K 下的残差平方的自相关函数和偏相关函数，并附有相应滞后阶数所对应的 Q 统计量。若残差的平方在所有滞后阶数上的自相关函数和偏相关函数都不是显著异于 0 的，而且其对应的 Q 统计量也不显著，则表明残差序列不存在 ARCH 效应；否则，残差序列存在 ARCH 效应。表 7-10、表 7-11、表 7-12 分别为英国富时 100 指数收益率残差平方相关检验结果、法国 CAC40 指数收益率残差平方相关检验结果、德国 DAX 指数收益率残差平方相关检验结果。

表 7-10　英国富时 100 指数收益率残差平方相关检验结果

滞后期	自相关系数	偏相关系数	Q 统计量	p 值
1	0.092	0.092	10.666	
2	0.056	0.048	14.669	0.00
3	0.036	0.027	16.301	0.00
4	0.024	0.016	17.028	0.00
5	0.003	−0.004	17.039	0.00
6	0.004	0.001	17.056	0.00
7	0.015	0.013	17.333	0.00
8	0.002	−0.001	17.337	0.01
9	0.020	0.018	17.818	0.02
10	0.053	0.049	21.309	0.01

表 7-11　法国 CAC40 指数收益率残差平方相关检验结果

滞后期	自相关系数	偏相关系数	Q 统计量	p 值
1	0.083	0.083	8.6295	
2	0.072	0.065	15.049	0.00
3	0.042	0.031	17.268	0.00
4	0.016	0.006	17.600	0.00
5	0.007	0.000	17.660	0.00
6	0.020	0.017	18.148	0.00
7	−0.000	−0.004	18.148	0.00
8	0.082	0.080	26.563	0.00
9	0.001	−0.013	26.563	0.00
10	0.060	0.051	31.084	0.00

表 7-12　德国 DAX 指数收益率残差平方相关检验结果

滞后期	自相关系数	偏相关系数	Q 统计量	p 值
1	0.175	0.175	38.217	
2	0.081	0.052	46.393	0.00
3	0.022	–0.001	46.980	0.00
4	0.039	0.033	48.898	0.00
5	–0.000	–0.014	48.899	0.00
6	0.014	0.012	49.144	0.00
7	0.000	–0.004	49.144	0.00
8	0.201	0.206	100.16	0.00
9	0.031	–0.038	101.38	0.00
10	0.075	0.054	108.43	0.00

由表 7-10、表 7-11、表 7-12 可知，英国富时 100 指数收益率的残差平方、法国 CAC40 指数收益率的残差平方以及德国 DAX 指数收益率的残差平方均不满足假设条件，即以上三个序列存在 ARCH 效应。

2）ARCH LM 检验

ARCH LM 检验，又称拉格朗日乘数检验，用来检验残差序列是否具有 ARCH 效应。检验的原假设为：残差序列直到 q 阶都不具有 ARCH 效应，其检验辅助回归方程的形式为

$$\hat{u}_t^2 = \alpha_0 + \sum_{i=1}^{q} \alpha_i \hat{u}_{t-1}^2 + \varepsilon_t \tag{7-33}$$

其中，$\hat{u}_t$ 为残差序列，α_0 为常数，q 为滞后阶数，α_i 为常数，ε_t 为残差平方序列在上述回归方程中的随机误差项。使用 EVIEWS 软件进行 ARCH LM 检验后，会输出两个统计量。一个是 F 统计量，用于检验对所有滞后残差平方项的联合显著性；另一个是 $T \times R^2$ 统计量，为 ARCH LM 检验统计量，表示观测值个数乘以检验回归方程的 R^2。

由表 7-13 可知，当 ARCH LM 检验的滞后阶数分别取 1、5、8 时，所对应股指的 ARCH LM 检验结果的 F 统计量的概率 p 值都非常小，从而表明检验辅助回归方程中的所有滞后残差平方项是联合显著的；当 ARCH LM 检验的滞后阶数分别取 1、5、8 时，所对应的三个股指的 ARCH LM 检验结果的 $T \times R^2$ 统计量的概率 p 值同样都非常小，因此拒绝“残差不存在 ARCH 效应”的原假设，即可认为残差序列存在 ARCH 效应，即使用 GARCH 族模型来建立模型是合理的。

表 7-13　股指 ARCH LM 检验结果

股指	滞后期	F 统计量	p 值	$T\times R^2$	p 值
英国富时 100	1	10.392 72	0.001 3	10.323 40	0.001 3
	5	3.064 935	0.009 3	15.210 84	0.009 5
	8	2.227 539	0.029 8	15.498 13	0.030 1
法国 CAC40	1	8.890 495	0.002 9	8.841 756	0.002 9
	5	3.142 771	0.008 0	15.592 29	0.008 1
	8	2.296 822	0.025 1	15.974 03	0.025 4
德国 DAX	1	37.948 20	0.000 0	36.887 38	0.000 0
	5	8.856 148	0.000 0	42.960 86	0.000 0
	8	13.760 12	0.000 0	101.802 3	0.000 0

7.2.3　模型拟合结果分析

采用本章所描述的三类多元 GARCH 模型（对角 VECH 模型，Diagonal-BEKK 和 Biagonal-BEKK）对英国富时 100 指数和法国 CAC40 指数、英国富时 100 指数和德国 DAX 指数之间的波动性进行建模研究，参数的拟合结果见表 7-14～表 7-19。

1. 对角 VECH(1, 1)模型

表 7-14　英国富时 100 指数与法国 CAC40 指数的对角 VECH(1, 1)模型拟合结果

参数	估计结果	标准差	统计量	p 值
ω_1	0.001 036	0.000 015 3	6.791 250	0.000 0
ω_2	0.000 760	0.000 012 0	6.362 174	0.000 0
ω_3	0.001 482	0.000 015 8	9.368 519	0.000 0
a_1	0.105 374	0.013 807	7.631 941	0.000 0
a_2	0.075 864	0.012 276	6.179 767	0.000 0
a_3	0.105 227	0.017 788	5.915 552	0.000 0
b_1	0.637 559	0.049 927	12.769 72	0.000 0
b_2	0.690 613	0.043 763	15.780 58	0.000 0
b_3	0.670 714	0.034 966	19.181 76	0.000 0

由表 7-14 可以看出，英国富时 100 指数与法国 CAC40 指数采用对角 VECH(1, 1)模型拟合后的各参数对应的概率 p 值均为 0.0000，说明各参数均是非常显著的，将上述参数结果写成矩阵的形式，得

$$\begin{bmatrix}\omega_1 & \omega_2\\ \omega_2 & \omega_3\end{bmatrix}=\begin{bmatrix}0.001\,036 & 0.000\,760\\ 0.000\,760 & 0.001\,482\end{bmatrix},\quad \begin{bmatrix}a_1 & a_2\\ a_2 & a_3\end{bmatrix}=\begin{bmatrix}0.105\,374 & 0.075\,864\\ 0.075\,864 & 0.105\,227\end{bmatrix}$$

$$\begin{bmatrix}b_1 & b_2\\ b_2 & b_3\end{bmatrix}=\begin{bmatrix}0.637\,559 & 0.690\,613\\ 0.690\,613 & 0.670\,714\end{bmatrix}$$

则方差方程可以进一步表示为

$$h_{11,t}=0.001\,036+0.105\,374\mu_{1,t-1}^2+0.637\,559h_{11,t-1}$$

$$h_{22,t}=0.001\,482+0.105\,227\mu_{2,t-1}^2+0.670\,714h_{22,t-1}$$

$$h_{12,t}=0.000\,760+0.075\,864\mu_{1,t-1}\mu_{2,t-1}+0.690\,613h_{12,t-1}$$

$h_{11,t}$ 表示英国富时 100 指数对数收益率的条件方差，其对应的 ARCH 项系数为 0.105 374，GARCH 项系数为 0.637 559，且都通过显著性检验，说明英国富时 100 指数收益率的波动同时受外生影响和上期自身波动的影响，但主要是受上期自身波动的影响。$h_{22,t}$ 表示法国 CAC40 指数的对数收益率的条件方差，其对应的 ARCH 项系数为 0.105 227，GARCH 项系数为 0.670 714，且都通过显著性检验，说明法国 CAC40 指数收益率的波动同时受外生影响和上期自身波动的影响，但主要是受上期自身波动的影响。$h_{12,t}$ 表示英国富时 100 指数收益率和法国 CAC40 指数收益率之间的条件协方差，其对应的 ARCH 项系数为 0.075 864，GARCH 项系数为 0.690 613，且都通过显著性检验，说明两市场间的条件协方差同时受外生影响和上期协方差的影响，但主要是受上期协方差的影响。

根据相关系数的表达式，可以计算出英国富时 100 指数和法国 CAC40 指数之间的时变的相关系数，将该相关系数以折线图的形式呈现如图 7-1 所示。

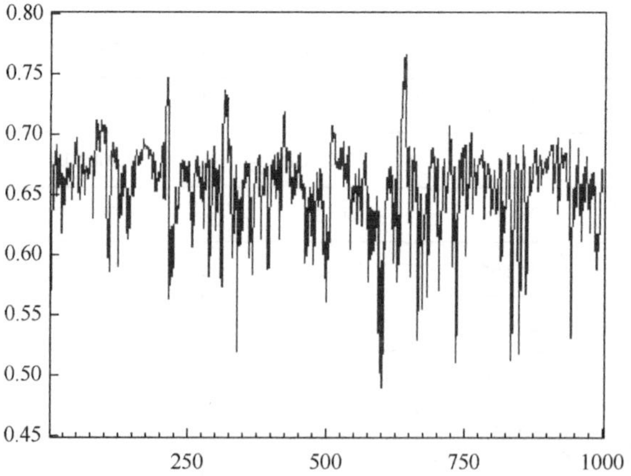

图 7-1　英国富时 100 指数与法国 CAC40 指数的对角 VECH(1, 1)相关系数图

由图 7-1 可以看出，英国富时 100 指数收益率和法国 CAC40 指数收益率序列之间存在着时变的相关系数，且该相关关系为正，大致在 0.65 左右波动。而英国大选发生的时间点为图中的第 625 个点，可以看出在事件发生后，英法股市之间的相关关系迅速从 0.6 上升至 0.78，但在不久后又下降至 0.65 左右。

表 7-15　英国富时 100 与德国 DAX 指数的对角 VECH(1, 1)模型拟合结果

参数	估计结果	标准差	统计量	p 值
ω_1	0.001 056	0.000 016 5	6.407 976	0.000 0
ω_2	0.000 427	0.000 070 5	6.054 861	0.000 0
ω_3	0.000 771	0.000 067 4	11.430 62	0.000 0
a_1	0.113 751	0.017 193	6.616 292	0.000 0
a_2	0.077 796	0.013 006	5.981 630	0.000 0
a_3	0.077 627	0.006 907	11.239 71	0.000 0
b_1	0.626 661	0.053 666	11.677 06	0.000 0
b_2	0.734 075	0.036 597	20.058 28	0.000 0
b_3	0.756 330	0.019 202	39.388 62	0.000 0

由表 7-15 可以看出，英国富时 100 指数与德国 DAX 指数用 VECH(1, 1)模型拟合后的各参数所对应的概率 p 值均为 0.0000，说明各参数均是非常显著的，将上述结果写成矩阵的形式，得

$$\begin{bmatrix}\omega_1 & \omega_2\\ \omega_2 & \omega_3\end{bmatrix}=\begin{bmatrix}0.001\,056 & 0.000\,427\\ 0.000\,427 & 0.000\,771\end{bmatrix},\quad \begin{bmatrix}a_1 & a_2\\ a_2 & a_3\end{bmatrix}=\begin{bmatrix}0.113\,751 & 0.077\,796\\ 0.077\,796 & 0.077\,627\end{bmatrix}$$

$$\begin{bmatrix}b_1 & b_2\\ b_2 & b_3\end{bmatrix}=\begin{bmatrix}0.626\,661 & 0.734\,075\\ 0.734\,075 & 0.756\,330\end{bmatrix}$$

$$h_{11,t}=0.001\,056+0.113\,751\mu_{1,t-1}^2+0.626\,661h_{11,t-1}$$

$$h_{22,t}=0.000\,771+0.077\,627\mu_{2,t-1}^2+0.756\,330h_{22,t-1}$$

$$h_{12,t}=0.000\,427+0.077\,796\mu_{1,t-1}\mu_{2,t-1}+0.734\,075h_{12,t-1}$$

$h_{11,t}$ 表示英国富时 100 指数对数收益率的条件方差，其对应的 ARCH 项系数为 0.113 751，GARCH 项系数为 0.626 661，且都通过显著性检验，说明英国富时 100 指数收益率的波动同时受外生影响和上期自身波动的影响，但主要是受上期自身波动的影响。$h_{22,t}$ 表示德国 DAX 指数对数收益率的条件方差，其对应的 ARCH 项系数为 0.077 627，GARCH 项系数为 0.756 330，且都通过显著性检验，说明德国 DAX 指数收益率的波动同时受外生影响和上期自身波动的影响，但主

要是受上期自身波动的影响。$h_{12,t}$ 表示英国富时 100 指数收益率和德国 DAX 指数收益率之间的条件协方差，其对应的 ARCH 项系数为 0.077 796，GARCH 项系数为 0.734 075，且都通过显著性检验，说明两市场间的条件协方差同时受外生影响和上期协方差的影响，但主要是受上期协方差的影响。

根据相关系数的表达式，可以计算出英国富时 100 指数和德国 DAX 指数之间的时变的相关系数，将该相关系数以折线图的形式呈现如图 7-2 所示。

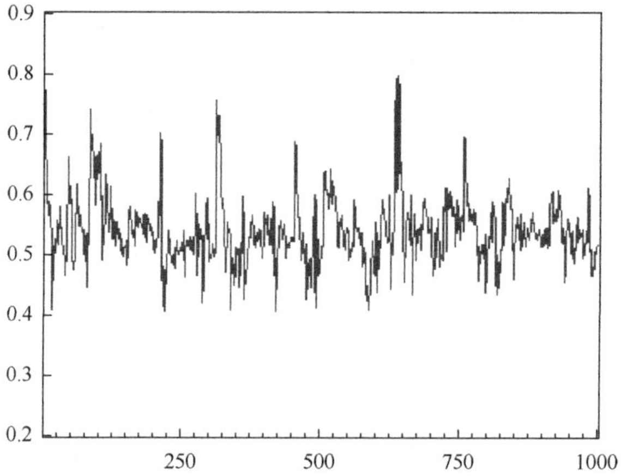

图 7-2　英国富时 100 指数与德国 DAX 指数的对角 VECH(1, 1)相关关系图

由图 7-2 可以看出，英国富时 100 指数收益率和德国 DAX 指数收益率序列之间存在着时变的相关系数，且该相关关系为正，在 0.55 左右波动。而英国大选发生的时间点为图中的第 625 个点，可以看出在事件发生后，英德股市之间的相关关系迅速从 0.55 上升至 0.8，但在不久后又下降至 0.55 左右。

表 7-16 为英国富时 100 指数和法国 CAC40 指数、英国富时 100 指数和德国 DAX 指数采用对角 VECH(1, 1)模型拟合后的 ARCH 效应检验。

表 7-16　各指数残差平方相关检验结果

检验结果	英国富时 100	法国 CAC40	英国富时 100	德国 DAX
$Q(1)$	0.0232	0.0729	0.0322	2.5986
p 值	0.879	0.787	0.858	0.107
$Q(2)$	0.0575	6.7687	0.0602	4.6499
p 值	0.972	0.149	0.970	0.101
$Q(3)$	0.0614	6.9227	0.0626	5.1781
p 值	0.996	0.226	0.996	0.159

续表

检验结果	英国富时 100	法国 CAC40	英国富时 100	德国 DAX
$Q(4)$	0.0694	6.9401	0.0718	5.1855
p 值	0.999	0.326	0.999	0.269
$Q(5)$	0.1162	7.0631	0.1203	5.5392
p 值	1.000	0.442	1.000	0.354
$Q(6)$	0.1450	7.2092	0.1498	5.5516
p 值	1.000	0.514	1.000	0.475

由表 7-16 可知，英国富时 100 指数和法国 CAC40 指数、英国富时 100 指数和德国 DAX 指数的收益率经过对角 VECH 模型拟合之后所得到的残差平方的 Q 统计量对应的概率 p 值都很大，说明以上收益率序列经过对角 VECH(1, 1)模型拟合之后，残差已经不存在 ARCH 效应。

2. Diagonal-BEKK(1, 1)模型

由表 7-17 可以看出，英国富时 100 指数和法国 CAC40 指数用二元 Diagonal-BEKK(1, 1)模型拟合后的各参数对应的概率 p 值均为 0.0000，说明各参数均是非常显著的，将上述参数写成矩阵的形式，得

$$\begin{bmatrix} c_{11} & 0 \\ c_{21} & c_{22} \end{bmatrix} = \begin{bmatrix} 0.001\,106 & 0 \\ 0.000\,851 & 0.001\,457 \end{bmatrix}, \quad \begin{bmatrix} a_{11} & 0 \\ 0 & a_{22} \end{bmatrix} = \begin{bmatrix} 0.336\,886 & 0 \\ 0 & 0.306\,589 \end{bmatrix},$$

$$\begin{bmatrix} b_{11} & 0 \\ 0 & b_{22} \end{bmatrix} = \begin{bmatrix} 0.784\,391 & 0 \\ 0 & 0.832\,871 \end{bmatrix}$$

表 7-17　英国富时 100 指数与法国 CAC40 指数的 Diagonal-BEKK(1, 1)模型拟合结果

参数	估计结果	标准差	统计量	p 值
c_{11}	0.001 106	0.000 137	8.095 835	0.000 0
c_{21}	0.000 851	0.000 084 6	10.060 75	0.000 0
c_{22}	0.001 457	0.000 145	10.028 61	0.000 0
a_{11}	0.336 886	0.019 474	17.299 02	0.000 0
a_{22}	0.306 589	0.022 535	13.605 17	0.000 0
b_{11}	0.784 391	0.028 570	27.454 76	0.000 0
b_{22}	0.832 871	0.017 087	48.742 64	0.000 0

将以上结果代入方差方程中，得

$$h_{11,t} = 0.000\ 001\ 22 + 0.113\ 492\ 18\varepsilon_{1,t-1}^2 + 0.615\ 269\ 24h_{11,t-1}$$

$$h_{22,t} = 0.000\ 002\ 84 + 0.093\ 996\ 81\varepsilon_{2,t-1}^2 + 0.693\ 674\ 1h_{22,t-1}$$

$$h_{12,t} = 0.000\ 000\ 94 + 0.113\ 492\ 18\varepsilon_{1,t-1}\varepsilon_{2,t-1} + 0.653\ 296\ 52h_{12,t-1}$$

$h_{11,t}$ 表示英国富时 100 指数对数收益率的条件方差，其对应的 ARCH 项系数为 0.113 492 18，GARCH 项系数为 0.615 269 24，且都通过显著性检验，说明英国富时 100 指数收益率的波动同时受外生影响和上期自身波动的影响，但主要是受上期自身波动的影响。$h_{22,t}$ 表示法国 CAC40 指数对数收益率的条件方差，其对应的 ARCH 项系数为 0.093 996 81，GARCH 项系数为 0.693 674 1，且都通过显著性检验，说明法国 CAC40 指数收益率的波动同时受外生影响和上期自身波动的影响，但主要是受上期自身波动的影响。$h_{12,t}$ 表示英国富时 100 指数收益率和法国 CAC40 指数收益率之间的条件协方差，其对应的 ARCH 项系数为 0.113 492 18，GARCH 项系数为 0.653 296 52，且都通过显著性检验，说明两市场间的条件协方差同时受外生影响和上期协方差的影响，但主要是受上期协方差的影响。

根据相关第数的表达式，可以计算出英国富时 100 指数和法国 CAC40 指数之间的时变的相关系数，将该相关系数以折线图的形式呈现如图 7-3 所示。

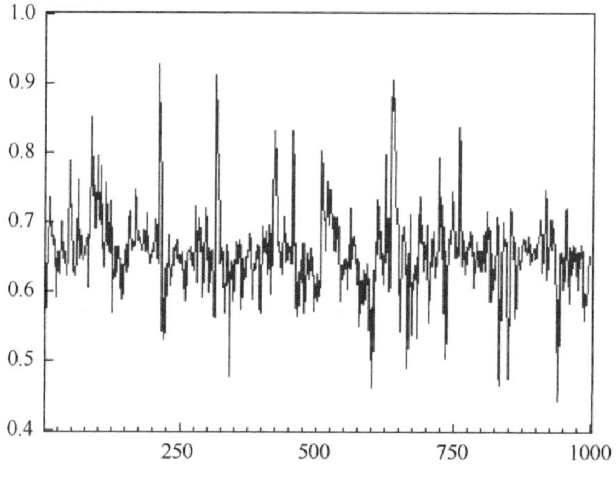

图 7-3　英国富时 100 指数与法国 CAC40 指数的 Diagonal-BEKK(1, 1)相关关系图

由图 7-3 可以看出，英国富时 100 指数收益率和法国 CAC40 指数收益率序列之间存在时变的相关系数，该相关系数的大小和对角 VECH(1, 1)模型计算出来的结果非常相近，同样是正的相关系数，且大致在 0.65 左右波动。而英国大选发生的时间点为图中的第 625 个点，可以看出在事件发生后，英法股市之间的相关关系迅速从 0.65 上升至 0.9，但在不久后又下降至 0.65 左右。

表 7-18　英国富时 100 指数与德国 DAX 指数的 Diagonal-BEKK(1, 1)模型拟合结果

参数	估计结果	标准差	统计量	p 值
c_{11}	0.001 015	0.000 156	6.526 391	0.000 0
c_{21}	0.000 493	0.000 058 7	8.386 967	0.000 0
c_{22}	0.000 810	0.000 066 9	12.104 98	0.000 0
a_{11}	0.334 564	0.025 153	13.301 25	0.000 0
a_{22}	0.284 321	0.012 118	23.463 67	0.000 0
b_{11}	0.799 098	0.032 282	24.753 32	0.000 0
b_{22}	0.863 910	0.010 774	80.188 36	0.000 0

由表 7-18 可以看出，英国富时 100 指数和德国 DAX 指数用二元 Diagonal-BEKK(1, 1)模型拟合后的各参数所对应的概率 p 值均为 0.0000，说明均是显著的，将上述结果写成矩阵的形式，得

$$\begin{bmatrix} c_{11} & 0 \\ c_{21} & c_{22} \end{bmatrix} = \begin{bmatrix} 0.001\,015 & 0 \\ 0.000\,493 & 0.000\,810 \end{bmatrix}, \quad \begin{bmatrix} a_{11} & 0 \\ 0 & a_{22} \end{bmatrix} = \begin{bmatrix} 0.334\,564 & 0 \\ 0 & 0.284\,321 \end{bmatrix},$$

$$\begin{bmatrix} b_{11} & 0 \\ 0 & b_{22} \end{bmatrix} = \begin{bmatrix} 0.799\,098 & 0 \\ 0 & 0.863\,910 \end{bmatrix}$$

将以上结果代入方差方程中，得

$$h_{11,t} = 0.000\,001\,03 + 0.111\,933\,07\varepsilon_{1,t-1}^2 + 0.638\,557\,61h_{11,t-1}$$

$$h_{22,t} = 0.000\,000\,9 + 0.080\,838\,43\varepsilon_{2,t-1}^2 + 0.746\,340\,49h_{22,t-1}$$

$$h_{12,t} = 0.000\,000\,5 + 0.095\,123\,57\varepsilon_{1,t-1}\varepsilon_{2,t-1} + 0.690\,348\,75h_{12,t-1}$$

$h_{11,t}$ 表示英国富时 100 指数对数收益率的条件方差，其对应的 ARCH 项系数为 0.111 933 07，GARCH 项系数为 0.638 557 61，且都通过显著性检验，说明英国富时 100 指数收益率的波动同时受外生影响和上期自身波动的影响，但主要是受上期自身波动的影响。$h_{22,t}$ 表示德国 DAX 指数对数收益率的条件方差，其对应的 ARCH 项系数为 0.080 838 43，GARCH 项系数为 0.746 340 49，且都通过显著性检验，说明德国 DAX 指数收益率的波动同时受外生影响和上期自身波动的影响，但主要是受上期自身波动的影响。$h_{12,t}$ 表示英国富时 100 指数收益率和德国 DAX 指数收益率之间的条件协方差，其对应的 ARCH 项系数为 0.095 123 57，GARCH 项系数为 0.690 348 75，且都通过显著性检验，说明两市场间的条件协方差同时受外生影响和上期协方差的影响，但主要是受上期协方差的影响。

根据相关系数的表达式，可以计算出英国富时 100 指数和德国 DAX 指数之间的时变的相关系数，将该相关系数以折线图的形式呈现如图 7-4 所示。

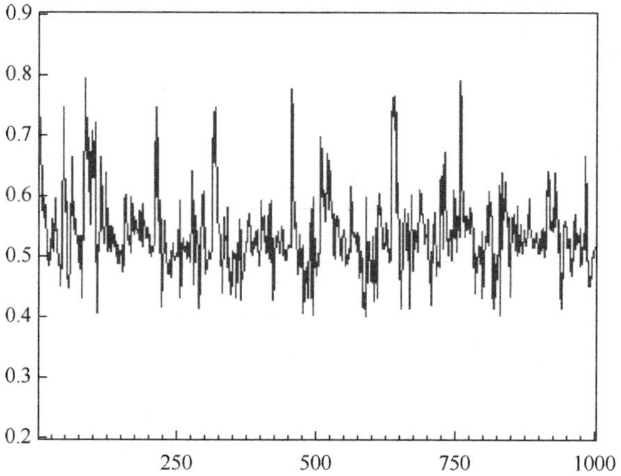

图 7-4　英国富时 100 指数与德国 DAX 指数的 Diagonal-BEKK(1, 1)相关关系图

由图 7-4 可知，英国富时 100 指数收益率和德国 DAX 指数收益率序列之间存在时变的相关系数，该相关系数的大小和对角 VECH(1, 1)模型计算出来的结果非常相近，相关系数为正，且同样是在 0.55 左右波动。而英国大选发生的时间点为图中的第 625 个点，可以看出在事件发生后，英法股市之间的相关关系迅速从 0.55 上升至 0.8 左右，但在不久后又下降至 0.55 左右。

表 7-19 为英国富时 100 指数和法国 CAC40 指数、英国富时 100 指数和德国 DAX 指数采用 Diagonal-BEKK(1, 1)模型拟合后的残差 ARCH 效应检验。

表 7-19　Diagonal-BEKK(1, 1)模型拟合后的残差 ARCH 效应检验表

检验结果	英国富时 100	法国 CAC40	英国富时 100	德国 DAX
$Q(1)$	0.0312	0.0010	0.0303	4.9698
p 值	0.860	0.974	0.862	0.112
$Q(2)$	0.0624	14.550	0.0576	5.1067
p 值	0.969	0.104	0.972	0.125
$Q(3)$	0.0661	14.771	0.0595	5.6268
p 值	0.996	0.141	0.996	0.131
$Q(4)$	0.0737	15.025	0.0696	5.6358
p 值	0.999	0.181	0.999	0.228
$Q(5)$	0.1189	15.035	0.1202	5.9538
p 值	1.000	0.240	1.000	0.311
$Q(6)$	0.1456	15.407	0.1519	5.9630
p 值	1.000	0.283	1.000	0.427

由表 7-19 可知，英国富时 100 指数和法国 CAC40 指数、英国富时 100 指数和德国 DAX 指数的收益率经过 Diagonal-BEKK(1, 1)模型拟合之后所得到的残差平方的 Q 统计量对应的概率 p 值都很大，说明以上收益率序列经过 Diagonal-BEKK(1, 1)模型拟合之后，残差已经不存在 ARCH 效应。

3. Full-BEKK(1, 1)模型

由表 7-20 可知，英国富时 100 指数与法国 CAC40 指数收益率经过 Full-BEKK(1, 1)模型拟合后的系数 a_{11}、a_{22}、b_{11}、b_{22} 均通过显著性水平检验，表明两市场受自身前期的影响显著。而 b_{11}、b_{22} 的值分别为 0.8466、0.9547，a_{11}、a_{22} 的值分别为–0.1214、0.5141，由此可知 $b_{11}^2 > a_{11}^2$、$b_{22}^2 > a_{22}^2$，即两股市各自的波动主要受自身上期波动的影响。a_{12}、b_{12}、a_{21}、b_{21} 表示股市波动之间的相互影响，均通过显著性水平检验，且值分别–0.3963、–0.1285、0.3597、0.0281，即 a_{12}、b_{12}、a_{21}、b_{21} 显著异于 0，表明英国富时 100 指数与法国 CAC40 指数的波动是相互影响的。由表 7-21 可知，英国富时 100 指数与德国 DAX 指数收益率经过 Full-BEKK(1, 1)模型拟合后的系数 a_{11}、a_{22}、b_{11}、b_{22} 均通过显著性水平检验，表明两市场受自身前期的影响显著。而 b_{11}、b_{22} 的值分别为 0.9321、0.7935，a_{11}、a_{22} 的值分别为 0.1173、0.1177，由此可知 $b_{11}^2 > a_{11}^2$、$b_{22}^2 > a_{22}^2$，即两股市各自的波动主要受自身上期波动的影响。a_{12}、b_{12}、a_{21}、b_{21} 表示股市波动之间的相互影响，均通过显著性水平检验，且值分别 0.4122、–0.0060、0.3462、–0.0950，即 a_{12}、b_{12}、a_{21}、b_{21} 显著异于 0，表明英国富时 100 指数与德国 DAX 指数的波动是相互影响的。

表 7-20　英国富时 100 指数与法国 CAC40 指数的拟合结果

	矩阵 C	矩阵 A	矩阵 B
(1, 1)	0.0205 （0.000）	–0.1214 （0.000）	0.8466 （0.000）
(2, 1)	0.0139 （0.000）	0.3597 （0.000）	0.0281 （0.003）
(1, 2)	0 ——	–0.3963 （0.000）	–0.1285 （0.000）
(2, 2)	0.0154 （0.000）	0.5141 （0.000）	0.9547 （0.000）
$L(\theta)$	3884		

表 7-21　英国富时 100 指数与德国 DAX 指数的拟合结果

	矩阵 C	矩阵 A	矩阵 B
(1, 1)	0.0133 （0.000）	0.1173 （0.000）	0.9321 （0.000）

续表

	矩阵 C	矩阵 A	矩阵 B
(2, 1)	0.0251 (0.000)	0.3462 (0.000)	–0.0950 (0.000)
(1, 2)	0 (0.000)	0.4122 (0.000)	–0.0060 (0.008)
(2, 2)	0.0155 (0.000)	0.1177 (0.000)	0.7935 (0.000)
$L(\theta)$	4083		

根据相关系数的表达式，可以计算出英国富时 100 指数和德国 DAX 指数之间的时变的相关系数，将该相关系数以折线图的形式呈现如图 7-5 所示。

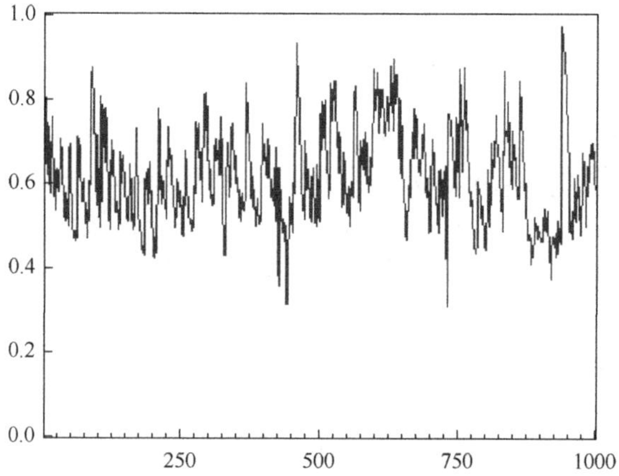

图 7-5　英国富时 100 指数与法国 CAC40 指数的 Full-BEKK(1, 1)相关关系图

由图 7-5 可以看出，英国富时 100 指数收益率和法国 CAC40 指数收益率序列之间存在时变的相关系数，且该相关关系为正，大致在 0.65 左右波动。而英国大选发生的时间点为图中的第 625 个点，可以看出在事件发生后，英法股市之间的相关关系迅速从 0.6 上升至 0.88，但在不久后又下降至 0.6 左右。

由图 7-6 可以看出，英国富时 100 指数收益率和德国 DAX 指数收益率序列之间存在时变的相关系数，且该相关关系为正，大致在 0.55 左右波动。而英国大选发生的时间点为图中的第 625 个点，可以看出在事件发生后，英德股市之间的相关关系迅速从 0.6 上升至 0.88，但在不久后又下降至 0.65 左右。

表 7-22 为英国富时 100 指数和法国 CAC40 指数、英国富时 100 指数和德国 DAX 指数采用 Full-BEKK(1, 1)模型拟合后的残差 ARCH 效应检验。

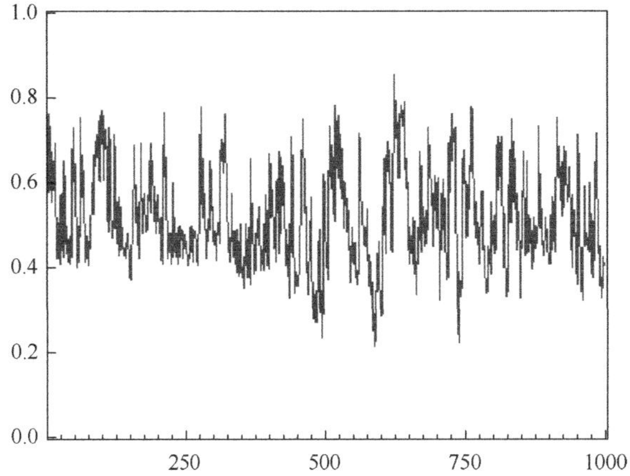

图 7-6　英国富时 100 指数与德国 DAX 指数的 Full-BEKK(1, 1)相关关系图

表 7-22　Full-BEKK(1, 1)模型拟合后的残差 ARCH 效应检验表

检验结果	英国富时 100	法国 CAC40	英国富时 100	德国 DAX
$Q(1)$	3.6566	0.1270	1.1482	0.7114
p 值	0.151	0.722	0.284	0.399
$Q(2)$	3.6933	0.1918	1.2189	0.7119
p 值	0.158	0.909	0.544	0.701
$Q(3)$	3.7153	0.2325	1.2615	0.7135
p 值	0.294	0.972	0.738	0.870
$Q(4)$	4.3883	0.2578	1.3391	1.5543
p 值	0.356	0.992	0.855	0.817
$Q(5)$	4.7597	0.3346	1.4738	1.9557
p 值	0.446	0.997	0.916	0.855
$Q(6)$	4.7600	0.3433	1.7139	2.0469
p 值	0.575	0.999	0.944	0.915

由表 7-22 可知，英国富时 100 指数和法国 CAC40 指数、英国富时 100 指数和德国 DAX 指数的收益率经过 Full-BEKK(1, 1)模型拟合之后所得到的残差平方的 Q 统计量对应的概率 p 值都很大，说明以上收益率序列经过 Full-BEKK(1, 1)模型拟合之后，残差已经不存在 ARCH 效应。

4. 含虚拟变量的 Full-BEKK(1, 1)

采用引入虚拟变量的 Full-BEKK(1, 1)模型对英国富时 100 指数和法国 CAC40 指数、英国富时 100 指数和德国 DAX 指数之间的相关性进行研究，参数的拟合结果见表 7-23、表 7-24。

表 7-23　英国富时 100 指数与法国 CAC40 指数的拟合结果（虚拟变量 Full-BEKK 模型）

	矩阵 C	矩阵 A	矩阵 B	矩阵 K
(1, 1)	0.0225 (0.000)	−0.2207 (0.000)	0.8349 (0.000)	0.005 (0.005)
(2, 1)	0.0277 (0.000)	0.3365 (0.000)	0.0232 (0.004)	0.002 (0.001)
(1, 2)	0 —	−0.5322 (0.000)	−0.1297 (0.000)	0.002 (0.001)
(2, 2)	0.0141 (0.000)	0.4838 (0.000)	0.9471 (0.000)	0.001 (0.000)
$L(\theta)$	3889			

表 7-24　英国富时 100 指数与德国 DAX 指数的拟合结果（虚拟变量 Full-BEKK 模型）

	矩阵 C	矩阵 A	矩阵 B	矩阵 K
(1, 1)	0.0123 (0.000)	0.1146 (0.000)	0.9662 (0.000)	0.004 (0.000)
(2, 1)	0.0309 (0.000)	0.3555 (0.000)	−0.2159 (0.000)	0.001 (0.004)
(1, 2)	0 —	0.2964 (0.000)	0.1684 (0.000)	0.001 (0.004)
(2, 2)	0.0000 (0.010)	0.0670 (0.000)	0.7532 (0.000)	0.002 (0.000)
$L(\theta)$	4107			

由表 7-23 可知，英国富时 100 指数与法国 CAC40 指数收益率经过引入虚拟变量的 Full-BEKK(1, 1)模型拟合后的虚拟变量项的系数 k_{11}、k_{22}、k_{12} 均通过显著性水平检验，其值分别为 0.005、0.001、0.002，表明英国大选不仅对本国股市的波动产生了影响，也对法国股市的波动产生了影响，同时对两国股市间的协方差产生了影响。由表 7-24 可知，英国富时 100 指数与德国 DAX 指数收益率经过引入虚拟变量的 Full-BEKK(1, 1)模型拟合后的虚拟变量项的系数 k_{11}、k_{22}、k_{12} 均通过显著性水平检验，其值分别为 0.004、0.002、0.001，表明英国大选不仅对本国股市的波动产生了影响，也对德国股市的波动产生了影响，同时也对两国股市间的协方差产生了影响。而股市之间的条件相关系数的值实际是由股市各自的波动值以及两者之间的协方差值得到的。所以，英国大选同样也会影响英国股市与法国股市、英国股市与德国股市之间的条件相关性。而市场间的动态相关关系是由市场 1 和市场 2 各自的条件方差和市场间的条件协方差决定的，其对应的计算公式为

$$\mathrm{Corr}(1,2)=\frac{h_{12,t}}{\sqrt{h_{11,t}}\sqrt{h_{22,t}}}$$

由图 7-7 可以看出，英国富时 100 指数收益率和法国 CAC40 指数收益率序列之间存在时变的相关系数，且相关关系为正，大致在 0.65 左右波动。而英国大选发生的时间点为图中的第 625 个点，可以看出在事件发生后，英法股市之间的相关关系迅速从 0.6 上升至 0.88，且在此后的几天内相关关系基本稳定在 0.7 左右。由相关关系图可以看出，在最后一天，相关关系有下降的趋势。

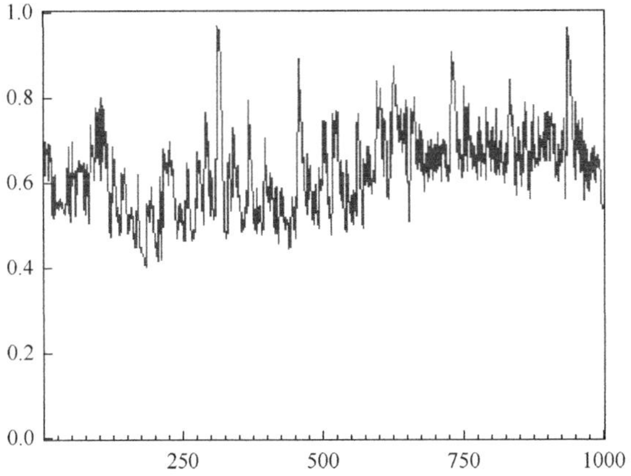

图 7-7　英国富时 100 指数与法国 CAC40 指数的 Full-BEKK(1, 1)（虚拟）相关关系图

由图 7-8 可以看出，英国富时 100 指数收益率和德国 DAX 指数收益率序列之间存在时变的相关系数，且相关关系为正，大致在 0.55 左右波动。而英国大选发生的时间点为图中的第 625 个点，可以看出在事件发生后，英法股市之间的相关关系迅速从 0.5 上升至 0.9，且在此后的几天内相关关系基本稳定在 0.65 左右。由相关关系图可以看出，在倒数第三天，相关关系有缓慢下降的趋势。

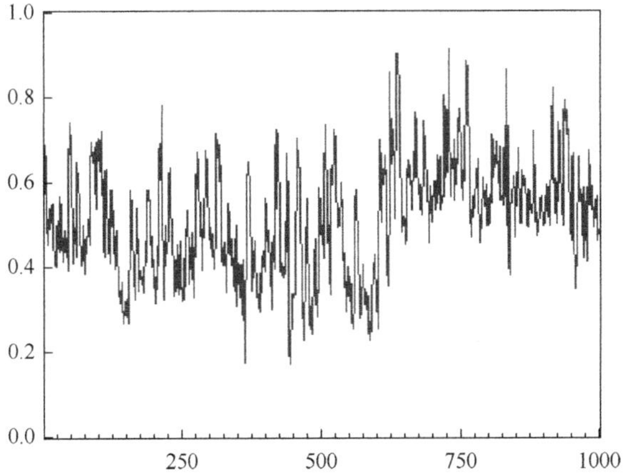

图 7-8　英国富时 100 指数与德国 DAX 指数的 Full-BEKK(1, 1)（虚拟）相关关系图

表 7-25 为英国富时 100 指数和法国 CAC40 指数、英国富时 100 指数和德国 DAX 指数采用引入虚拟变量的 Full-BEKK(1, 1)模型拟合后的残差 ARCH 效应检验。

表 7-25　含虚拟变量的 Full-BEKK(1, 1)模型拟合后的残差 ARCH 效应检验表

检验结果	英国富时 100	法国 CAC40	英国富时 100	德国 DAX
$Q(1)$	2.4064	0.0092	1.2037	1.4278
p 值	0.121	0.923	0.273	0.232
$Q(2)$	3.1716	0.0417	1.2899	1.4777
p 值	0.205	0.979	0.525	0.478
$Q(3)$	3.3186	0.2399	1.3274	1.4800
p 值	0.345	0.971	0.723	0.687
$Q(4)$	3.3549	0.2451	1.3868	1.4855
p 值	0.500	0.993	0.846	0.829
$Q(5)$	3.4120	0.2595	1.4744	2.7926
p 值	0.637	0.998	0.916	0.7732
$Q(6)$	3.4437	0.2630	1.6605	3.4105
p 值	0.751	0.999	0.948	0.756

由表 7-25 可知，英国富时 100 指数和法国 CAC40 指数、英国富时 100 指数和德国 DAX 指数的收益率经过引入虚拟变量后的 Full-BEKK(1, 1)模型拟合之后所得到的残差平方的 Q 统计量对应的概率 p 值都较大，说明以上收益率序列经过引入虚拟变量后的 Full-BEKK(1, 1)模型拟合之后，残差已经不存在 ARCH 效应。

7.3　变结构 BEKK 模型下金融市场相关性预测研究

7.3.1　相关系数的预测值与实际值

市场间的相关系数的表达式为

$$\mathrm{Corr}(1,2)=\frac{h_{12,t}}{\sqrt{h_{11,t}}\sqrt{h_{22,t}}}$$

本节采用滑动相关关系计算方法（Skintzi and Refenes，2006），其具体表达式为

$$\hat{\rho}_{ij,t,n}=\frac{h_{ij,t,n}}{\sqrt{h_{ii,t,n}}\sqrt{h_{jj,t,n}}} \tag{7-34}$$

其中，$h_{ij,t,n}=\sum_{k=1}^{n}h_{ij,t+k}$，$h_{ii,t,n}=\sum_{k=1}^{n}h_{ii,t+k}$，$h_{jj,t,n}=\sum_{k=1}^{n}h_{jj,t+k}$，$n$ 为滑动的天数，$\hat{\rho}_{ij,t,n}$ 为未来 n 天预测的滑动相关系数值，在这里取 $n=5$、10、20。$h_{ij,t}$ 为第 i 个市场和第 j 个市场在 t 时刻的协方差，$h_{ii,t}$ 为第 i 个市场在 t 时刻的方差，$h_{jj,t}$ 为第 j 个市场在 t 时刻的方差。

同样地，这里进一步利用滑动相关系数实际值的计算方法估计真实值：

$$\rho_{ij,t,n}=\frac{\sum_{k=1}^{n}r_{i,k}r_{j,k}}{\sqrt{\sum_{k=1}^{n}r_{i,k}^{2}}\sqrt{\sum_{k=1}^{n}r_{j,k}^{2}}} \tag{7-35}$$

其中，$\rho_{ij,t,n}$ 为未来 n 天实际的滑动相关系数值，其中 $n=5$、10、20。$r_{i,k}$ 为第 i 个序列在 k 时刻的对数收益率，$r_{j,k}$ 为第 j 个序列在 k 时刻的对数收益率。

7.3.2　预测效果评价指标及步骤

分别采用引入虚拟变量前后的Full-BEKK(1, 1)对英国富时100指数和法国CAC40指数之间的相关性、英国富时 100 指数和德国 DAX 指数之间的相关性进行样本外预测，预测效果的好坏采用预测误差度量指标来评判。预测指标分为四类，第一类是平均平方误差，包括MSE_1和MSE_2，第二类是平均绝对误差，包括MAE_1和MAE_2，第三类是高斯准极大似然损失函数误差 QLIKE，第四类是对数损失函数误差 $\mathrm{R^2LN}$。

$$\mathrm{MSE}_1=\frac{1}{n}\sum_{t=1}^{n}(\hat{\rho}_{ij,t,n}-\rho_{ij,t,n})^2$$

$$\mathrm{MSE}_2=\frac{1}{n}\sum_{t=1}^{n}(\hat{\rho}_{itj,t,n}^2-\rho_{ij,t,n}^2)^2$$

$$\mathrm{MAE}_1=\frac{1}{n}\sum_{t=1}^{n}|\hat{\rho}_{ij,t,n}-\rho_{ij,t,n}|$$

$$\mathrm{MAE}_2=\frac{1}{n}\sum_{t=1}^{n}|\hat{\rho}_{ij,t,n}^2-\rho_{ij,t,n}^2|$$

$$\mathrm{QLIKE}=\frac{1}{n}\sum_{t=1}^{n}(\ln(\hat{\rho}_{ij,t,n}^2)+\rho_{ij,t,n}^2\hat{\rho}_{ij,t,n}^{-2})$$

$$\mathrm{R^2LN}=\frac{1}{n}\sum_{t=1}^{n}(\ln(\rho_{ij,t,n}^2\hat{\rho}_{ij,t,n}^{-2}))^2$$

其中，$\hat{\rho}_{ij,t,n}$ 为预测的滑动相关系数，$\rho_{ij,t,n}$ 为序列实际的滑动相关系数。

具体的估计步骤如下所示。

步骤 1：根据计算出来的模型对应的参数矩阵，得到了 Full-BEKK(1, 1)模型在引入虚拟变量前后对应的条件方差方程。

步骤 2：根据对应的条件方差方程，向后递推出 Full-BEKK(1, 1)模型在引入虚拟变量前后对应的向后 100 步的股市自身的方差 h_{ii} 和 h_{jj}，以及股市之间的协方差 h_{ij}。

步骤 3：根据式（7-39），取 $n=5$、$n=10$、$n=20$，得到对应的预测的滑动相关系数；根据式（7-40），取 $n=5$、$n=10$、$n=20$，得到对应的实际的滑动相关系数。

步骤 4：利用步骤 3 得到的预测和实际情况下的滑动相关系数来计算本节对应的评价函数的值，通过对比相应的评价函数值来比较 Full-BEKK(1, 1)模型在引入虚拟变量前后对于相关性预测效果的优劣。

7.3.3 预测效果比较

运用 Matlab 软件对样本外 100 期的股指自身的方差以及股指间的协方差进行预测，利用 7.3.1 节给出的相关性预测表达式得到滑动相关性的预测值，利用 7.3.2 节给出的评价指标对相关性预测效果进行评价。表 7-26 表示英国富时 100 指数和法国 CAC40 指数、英国富时 100 指数和德国 DAX 指数在选择滑动步数分别为 5 步、10 步、20 步时，分别采用引入虚拟变量前后的 Full-BEKK(1, 1)模型对滑动相关性进行预测，并通过对比实际的滑动相关系数，得到对应的六个评价指标值。预测精度的高低由其对应的评价函数值判定，函数值越小表明预测效果越好。

表 7-26 不同模型下的相关性预测评价

股指	步数	模型	MSE_1	MSE_2	MAE_1	MAE_2	QLIKE	R^2LN
英法	5 步	Full-BEKK	0.158 905	0.122 548	0.301 141	0.312 423	0.420 007	3.170 51
		Full-BEKK（虚拟）	**0.141 551**	**0.093 76**	**0.271 622**	**0.271 705**	**0.353 345**	**2.989 45**
	10 步	Full-BEKK	0.140 182	0.119 083	0.288 785	0.307 853	0.352 141	**2.812 557**
		Full-BEKK（虚拟）	**0.125 853**	**0.092 796**	**0.256 285**	**0.265 869**	**0.272 78**	3.862 661
	20 步	Full-BEKK	0.098 204	0.111 351	0.256 365	0.301 607	0.353 227	3.166 377
		Full-BEKK（虚拟）	**0.087 744**	**0.086 602**	**0.214 746**	**0.246 564**	**0.280 144**	**3.120 576**
英德	5 步	Full-BEKK	0.089 339	0.043 671	0.196 273	**0.166 909**	**0.081 299**	0.763 284
		Full-BEKK（虚拟）	**0.074 443**	**0.041 719**	**0.187 011**	1.066 671	0.153 376	**0.599 765**
	10 步	Full-BEKK	0.076 386	0.030 800	0.175 985	0.141 927	−0.042 400	0.775 364
		Full-BEKK（虚拟）	**0.052 518**	**0.021 560**	**0.145 255**	**0.111 899**	**−0.088 720**	**0.511 973**
	20 步	Full-BEKK	0.045 075	0.032 567	0.145 287	0.146 248	0.003 519	3.016 759
		Full-BEKK（虚拟）	**0.027 240**	**0.021 673**	**0.114 654**	**0.113 284**	**−0.071 800**	**2.353 299**

注：表中加粗部分表示英法、英德收益率序列在选择滑动步数为 5 步、10 步、20 步时，不同模型下相应评价指标的最优值。

由表 7-26 可知，使用引入虚拟变量的 Full-BEKK(1, 1)模型来预测滑动相关性的预测效果明显优于使用 Full-BEKK(1, 1)模型。针对英国富时 100 指数和法国 CAC40 指数、英国富时 100 指数和德国 DAX 指数分别使用引入虚拟变量前后的 Full-BEKK(1, 1)模型来预测滑动相关性，选择滑动步数为 5 步、10 步、20 步，共得到 72 个评价指标值。其中，英法股指在选择滑动步数为 10 步时，使用 Full-BEKK(1, 1)模型预测相关性在评价指标为 R^2LN 时，优于引入虚拟变量后的 Full-BEKK(1, 1)模型；英德股指在选择滑动步数为 5 步时，使用 Full-BEKK(1, 1)模型预测相关性在评价指标为 MAE_2 和 QLIKE 时，优于引入虚拟变量后的 Full-BEKK(1, 1)模型。72 个评价相关性预测的指标值中仅有三个值是支持 Full-BEKK(1, 1)模型预测效果优于引入虚拟变量的 Full-BEKK(1, 1)模型的，由此可以认为引入虚拟变量的 Full-BEKK(1, 1)模型明显提高了对相关性预测的精度。

参 考 文 献

陈国进, 王占海, 2010. 我国股票市场连续性波动与跳跃性波动实证研究[J]. 系统工程理论与实践, 9: 1554-1562.

方立兵, 郭炳伸, 曾勇, 2010. GARCH 族模型的预测能力比较: 一种半参数方法[J]. 数量经济技术经济研究, 4: 148-161.

郭名媛, 张世英, 2006. 赋权已实现波动及其长记忆性, 最优频率选择[J]. 系统工程学报, 6: 568-573.

郭文旌, 邓明光, 董琦, 2013. 重大事件下中国股市的跳跃特征[J]. 系统工程理论与实践, 33(2): 308-316.

郝清民, 郑鹤, 2015. 政策事件干预股市的平滑转换随机波动模型[J]. 系统工程, (5): 25-32.

侯利强, 杨善林, 王晓佳, 等, 2015. 上证综指的股指波动: 基于模糊 FEGARCH 模型及不同分布假设的预测研究[J]. 中国管理科学, 6: 32-40.

黄海南, 钟伟, 2007. GARCH 类模型波动率预测评价[J]. 中国管理科学, 15(6), 13-19.

李胜歌, 张世英, 2007. 高频金融数据的两种波动率计算方法比较[J]. 系统管理学报, 16(4): 426-431.

李松臣, 张世英, 2006. 变结构门限 t-GARCH 模型及其伪持续性研究[J]. 数量经济技术经济研究, 23(7): 126-133.

龙瑞, 谢赤, 曾志坚, 等, 2011. 高频环境下沪深 300 股指期货波动测度——基于已实现波动及其改进方法[J]. 系统工程理论与实践, 5: 813-822.

鲁万波, 于翠婷, 王敏, 2018. 基于非参数条件自回归极差模型的中国股市波动性预测[J]. 数理统计与管理, 37(3): 544-553.

马丹, 尹优平, 2012. 噪声、跳跃与高频价格波动——基于门限预平均实现波动的分析. 金融研究, 4: 124-139.

马锋, 魏宇, 黄登仕, 等, 2015. 基于跳跃和符号跳跃变差的 HAR-RV 预测模型研究及其 MCS 检验[J]. 系统管理学报, 24(5): 700-710.

邵锡栋, 殷炼乾, 2009. 基于实现极差和实现波动率的中国金融市场风险测度研究[J]. 金融研究, 6: 109-121.

沈根祥, 2012. 沪深 300 指数跳的逐点检验及动态分析[J]. 中国管理科学, 20(1): 43-50.

史代敏, 2002. 股票市场波动的政策影响效应[J]. 管理世界, (8): 11-15.

孙金丽, 张世英, 2003. 具有结构转换的 GARCH 模型及其在中国股市中的应用[J]. 系统工程, 21(6): 86-91.

唐勇, 2012. 金融资产跳跃检验方法实证比较[J]. 中国管理科学, 20: 290-299.

唐勇, 张世英, 2006. 高频数据的加权已实现极差波动及其实证分析[J]. 系统工程, 8: 52-57.

王春峰, 姚宁, 房振明, 等, 2008. 中国股市已实现波动率的跳跃行为研究[J]. 系统工程, 26(2):

1-6.
王鹏, 王建琼, 2008. 中国股票市场的收益分布及其SPA检验[J]. 系统管理学报, 17(5): 542-547.
魏宇, 2009. 金融市场的多分形波动率测度、模型及其SPA检验[J]. 管理科学学报, 12(5): 88-99.
魏宇, 2010. 中国股票市场的最优波动率预测模型研究——基于沪深300指数高频数据的实证分析[J]. 管理学报, 6: 936-942.
魏宇, 马锋, 黄登仕, 2015. 基于多分形波动率测度的中国股市波动率预测模型研究及MCS检验[J]. 管理科学学报, 18(8): 61-72.
魏宇, 余怒涛, 2007. 中国股票市场的波动率预测模型及其SPA检验[J]. 金融研究, (7A): 138-150.
吴恒煜, 夏泽安, 聂富强, 2015. 引入跳跃和结构转换的中国股市已实现波动率预测研究: 基于拓展的HAR-RV模型[J]. 数理统计与管理, 34(6): 1111-1128.
杨继平, 陈晓暄, 张春会, 2012. 中国沪深股市结构性波动的政策性影响因素[J]. 中国管理科学, 20(6): 43-51.
杨科, 陈浪南, 2011. 基于C_TMPV的中国股市高频波动率的跳跃行为研究[J]. 管理科学, 24(2): 103-112.
杨科, 陈浪南, 2012. 股市波动率的短期预测模型和预测精度评价[J]. 管理科学学报, 15(5): 19-31.
杨科, 田凤平, 2013. 股指期货波动率的半参数预测模型及其MCS检验[J]. 中山大学学报(自然科学版), 4: 14-24.
杨科, 田凤平, 林洪, 2013. 跳跃的估计、股市波动率的预测以及预测精度评价[J]. 中国管理科学, 21(3): 50-60.
杨欣, 吕本富, 2014. 突发事件、投资者关注与股市波动——来自网络搜索数据的经验证据[J]. 经济管理, (2): 147-158.
赵华, 2012. 中国股市的跳跃性与杠杆效应-基于已实现极差方差的研究[J]. 金融研究, 11: 179-192.
赵静梅, 申宇, 吴风云, 2014. 天灾、人祸与股价: 基于地震、群体骚乱事件的研究[J]. 管理科学学报, 17(4): 19-33.
ABOUNOORI E, ELMI Z, NADEMI Y, et al., 2016. Forecasting Tehran stock exchange volatility: Markov switching GARCH approach[J]. Physica A-statistical Mechanics and Its Applications: 264-282.
ABOURA S, WAGNER N, 2016. Extreme asymmetric volatility: Stress and aggregate asset prices[J]. Journal of International Financial Markets, Institutions and Money, 41: 47-59.
AKGIRAY V, 1989. Conditional heteroscedasticity in time series of stock returns: Evidence and forecasts[J]. Journal of Business: 55-80.
AKRAM Q F, RIME D, SARNO L, et al., 2009. Does the law of one price hold in international financial markets? Evidence from tick data[J]. Journal of Banking and Finance, 33(10): 1741-1754.
ALBERG D, SHALIT H, YOSEF R, 2008. Estimating stock market volatility using asymmetric GARCH models[J]. Applied Financial Economics, 18(15): 1201-1208.
ALLEN D E, MCALEER M, 2018. Theoretical and empirical differences between diagonal and full BEKK for risk management[J]. Energies, 11(7): 1627.

ANDERSEN T G, BOLLERSLEV T, 1998. Answering the skeptics: yes, standard volatility models do provide accurate forecasts[J]. International Economic Review, 39 (4) : 885-905.

ANDERSEN T G, BOLLERSLEV T, DIEBOLD F X, 2007. Roughing it up: Including jump components in the measurement, modeling and forecasting of return volatility[J]. The Review of Economics and Statistics, 89 (4) : 701-720.

ANDERSEN T G, BOLLERSLEV T, DIEBOLD F X, et al., 2001. The distribution of realized stock return volatility[J]. Journal of Financial Economics, 61 (1) : 43-76.

ANDERSEN T G, BOLLERSLEV T, DIEBOLD F X, et al., 2003. Modeling and forecasting realized volatility[J]. Econometrica, 71 (2) : 579-625.

ANGELIDIS T, BENOS A, DEGIANNAKIS S, 2004. The use of GARCH models in VaR estimation[J]. Statistical Methodology, 1 (1-2) : 105-128.

APERGIS E, APERGIS N, 2016. The 11/13 Paris terrorist attacks and stock prices: The case of the international defense industry[J]. Finance Research Letters, 17, 186-192.

ASGHARIAN H, CHRISTIANSEN C, HOU A J, 2015. Macro-finance determinants of the long-run stock-bond correlation: The DCC-MIDAS specification[J]. Journal of Financial Econometrics, 14 (3) : 617-642.

ASGHARIAN H, HOU A J, JAVED F, 2013. The importance of the macroeconomic variables in forecasting stock return variance: A GARCH-MIDAS approach[J]. Journal of Forecasting, 32 (7) : 600-612.

AWARTANI B M A, CORRADI V, 2005. Predicting the volatility of the S&P-500 stock index via GARCH models: The role of asymmetries[J]. International Journal of Forecasting, 21 (1) : 167-183.

BABA Y, ENGLE R F, KRAFT D F, et al., 1990. Multivariate simultaneous generalized ARCH[J]. Manuscript, University of California, San Diego, Department of Economics.

BAILLIE R T, BOLLERSLEV T, MIKKELSEN H O, 1996. Fractionally integrated generalized autoregressive conditional heteroskedasticity[J]. Journal of Econometrics, 74 (1) : 3-30.

BALCILAR M, DEMIRER R, HAMMOUDEH S, et al., 2016. Risk spillovers across the energy and carbon markets and hedging strategies for carbon risk[J]. Energy Economics, 54: 159-172.

BANDI F M, RUSSELL J R, 2008. Microstructure noise, realized variance, and optimal sampling[J]. The Review of Economic Studies, 75 (2) : 339-369.

BANSAL R, KIKU D, SHALIASTOVICH I, et al., 2014. Volatility, the macroeconomy, and asset prices[J]. The Journal of Finance, 69 (6) : 2471-2511.

BARNDORFF-NIELSEN O E, KINNEBROCK S, SHEPHARD N, 2010. Measuring downside risk-realised semivariance. In Volatilityand Time Series Econometrics: Essays in Honor of Robert F. Engle, ed. by T. Bollerslev, J. Russell, and M. Watson. Oxford University Press.

BARNDORFF-NIELSEN O E, SHEPHARD N, 2004. Power and bipower variation with stochastic volatility and jumps[J]. Journal of Financial Econometrics, 2 (1) : 1-37.

BARNDORFF-NIELSEN O E, SHEPHARD N, 2006. Econometrics of testing for jumps in financial economics using bipower variation[J]. Journal of Financial Econometrics, 4 (1) : 1-30.

BASHER S A, SADORSKY P, 2016. Hedging emerging market stock prices with oil, gold, VIX, and bonds: A comparison between DCC, ADCC and GO-GARCH[J]. Energy Economics, 54: 235-247.

BEKAERT G, HOEROVA M, 2014. The VIX, the variance premium and stock market volatility[J]. Journal of Econometrics, 183 (2): 181-192.

BLACK F, 1976. Studies of stock price volatility changes[C]. Proceedings of the 1976 Meetings of the American Statistical Association Business and Economic Statistics Section, 177-181.

BLAIR B J, POON S H, TAYLOR S J, 2001. Forecasting S&P 100 volatility: the incremental information content of implied volatilities and high-frequency index returns[J]. Journal of Econometrics, 105 (1): 5-26.

BOLLERSLEV T, 1986. Generalized autoregressive conditional heteroskedasticity[J]. Journal of Econometrics, 31 (3), 307-327.

BOLLERSLEV T, MIKKELSEN H O, 1996 . Modeling and pricing long memory in stock market volatility[J]. Journal of Econometrics, 73 (1): 151-184.

BOLLERSLEV T, TODOROV V, XU L, 2015. Tail risk premia and return predictability[J]. Journal of Financial Economics, 118 (1), 113-134.

BOX G E, TIAO G C, 1975. Intervention analysis with applications to economic and environmental problems[J]. Journal of the American Statistical Association, 70 (349): 70-79.

BROWNLEES C T, GALLO G M, 2010. Comparison of volatility measures: A risk management perspective[J]. Journal of Financial Econometrics, 8 (1): 29-56.

BURASCHI A, TROJANI F, VEDOLIN A, 2007. The joint behavior of credit spreads, stock options and equity returns when investors disagree[R]. Working Paper, Imperial College.

BYUN S J, CHO H, 2013. Forecasting carbon futures volatility using GARCH models with energy volatilities[J]. Energy Economics, 40: 207-221.

CAKICI N, GOSWAMI G, TAN S, 2014. Options resilience during extreme volatility: Evidence from the market events of May 2010[J]. Journal of Banking & Finance, 49: 262-274.

CAO G, XU L, CAO J, 2012. Multifractal detrended cross-correlations between the Chinese exchange market and stock market[J]. Physica A: Statistical Mechanics and its Applications, 391 (20): 4855-4866.

CARNERO M A, PENA D, RUIZ E, 2004. Persistence and kurtosis in GARCH and stochastic volatility models[J]. Journal of Financial Econometrics, 2 (2): 319-342.

CHAN Y C, WEI K C J, 1996. Political risk and stock price volatility: The case of Hong Kong [J]. Pacific-Basin Finance Journal, 4 (2-3): 259-275.

CHANG C L, MCALEER M, 2019. The fiction of full BEKK: Pricing fossil fuels and carbon emissions[J]. Finance Research Letters, 28: 11-19.

CHARLES A, DARNÉ O, 2005. Outliers and GARCH models in financial data[J]. Economics Letters, 86 (3): 347-352.

CHEN A H, SIEMS T F, 2004. The effects of terrorism on global capital markets[J]. European Journal of Political Economy, 20 (2): 349-366.

CHEN C, LIU L M, 1993. Joint estimation of model parameters and outlier effects in time series[J]. Journal of the American Statistical Association, 88 (421): 284-297.

CHEN X, GHYSELS E, 2010. News good or bad and its impact on volatility predictions over multiple horizons[J]. The Review of Financial Studies, 24 (1): 1-36.

CHEUNG Y W, LAI K S, 1995. Lag order and critical values of the augmented Dickey-Fuller test[J]. Journal of Business & Economic Statistics, 13 (3): 277-280.

CHEVALLIER J, SÉVI B, 2012. On the volatility-volume relationship in energy futures markets using intraday data[J]. Energy Economics, 34 (6): 1896-1909.

CHOUDHRY T, 2010. World War II events and the Dow Jones industrial index[J]. Journal of Banking & Finance, 34 (5): 1022-1031.

CHRISTENSEN K, PODOLSKIJ M, 2006. Range-based estimation of quadratic variation. Technical Report/Universität Dortmund, SFB 475 Komplexitätsreduktion in Multivariaten Datenstrukturen.

CHRISTENSEN K, PODOLSKIJ M, 2007. Realized range-based estimation of integrated variance[J]. Journal of Econometrics, 141 (2): 323-349.

CORSI F, 2009. A simple approximate long-memory model of realized volatility[J]. Journal of Financial Econometrics, 7 (2): 174-196.

CORSI F, MITTNIK S, PIGORSCH C, et al., 2008. The volatility of realized volatility[J]. Econometric Reviews, 27 (1-3): 46-78.

CORSI F, PIRINO D, RENO R, 2010. Threshold bipower variation and the impact of jumps on volatility forecasting[J]. Journal of Econometrics, 159 (2): 276-288.

DAVIDSON J, 2004. Moment and memory properties of linear conditional heteroscedasticity models, and a new model[J]. Journal of Business & Economic Statistics, 22 (1): 16-29.

DEGIANNAKIS S, FLOROS C, DENT P, 2013. Forecasting value-at-risk and expected shortfall using fractionally integrated models of conditional volatility: International evidence[J]. International Review of Financial Analysis, 27: 21-33.

DEGIANNAKIS S, LIVADA A, PANAS E, 2008. Rolling-sampled parameters of ARCH and Levy-stable models[J]. Applied Economics, 40 (23): 3051-3067.

DIEBOLD F X, 1986. Exact maximum-likelihood estimation of autoregressive models via the Kalman filter[J]. Economics Letters, 22 (2-3): 197-201.

DIEBOLD F X, INOUE A, 2001. Long memory and regime switching[J]. Journal of Econometrics, 105 (1): 131-159.

DIEBOLD F X, LOPEZ J A, 1996. Forecast evaluation and combination[J]. Handbook of Statistics, 14: 241-268.

DING Z, GRANGER C W, ENGLE R F, 1993. A long memory property of stock market returns and a new model[J]. Journal of Empirical Finance, 1 (1): 83-106.

DUEKER M J, 1997. Markov Switching in GARCH processes and mean-reverting stock-market volatility[J]. Journal of Business & Economic Statistics, 15 (1): 26-34.

DUONG D, SWANSON N R, 2015. Empirical evidence on the importance of aggregation, asymmetry, and jumps for volatility prediction[J]. Journal of Econometrics, 187: 606-621.

EGOROV A V, HONG Y M, LI H T, 2006. Validating forecasts of the joint probability density of bond yields: Can affine models beat random walk? [J]. Journal of Econometrics, 135 (1-2): 255-284.

ENGLE R F, 1982. Autoregressive conditional heteroscedasticity with estimates of the variance of United Kingdom inflation[J]. Econometrica, 50: 987-1000.

ENGLE R F, BOLLERSLEV T, 1986. Modelling the persistence of conditional variances[J]. Econometric Reviews, 5 (1): 1-50.

ENGLE R F, GALLO G M, 2006. A multiple indicators model for volatility using intra-daily data[J]. Journal of Econometrics, 131 (1-2): 3-27.

ENGLE R F, GHYSELS E, SOHN B, 2013. Stock market volatility and macroeconomic fundamentals[J]. Review of Economics and Statistics, 95 (3): 776-797.

ENGLE R F, NG V K, 1993. Measuring and testing the impact of news on volatility[J]. The Journal of Finance, 48 (5): 1749-1778.

ESSADDAM N, KARAGIANIS J M, 2014. Terrorism, country attributes, and the volatility of stock returns[J]. Research in International Business and Finance, 31: 87-100.

FAMA E F, 1970. Session topic: stock market price behavior[J]. The Journal of Finance, 25 (2): 383-417.

FANG L, CHEN B, YU H, et al., 2018. The importance of global economic policy uncertainty in predicting gold futures market volatility: A GARCH-MIDAS approach[J]. Journal of Futures Markets, 38 (3): 413-422.

FLEMING J, KIRBY C, OSTDIEK B, 2003. The economic value of volatility timing using "realized" volatility[J]. Journal of Financial Economics, 67 (3): 473-509.

FOX A J, 1972. Outliers in time series[J]. Journal of the Royal Statistical Society: Series B (Methodological), 34 (3): 350-363.

GHYSELS E, SINKO A, VALKANOV R, 2007 . MIDAS Regressions: Further results and new directions[J]. Econometric Reviews, 26 (1): 53-90.

GIRARDIN E, JOYEUX R, 2013. Macro fundamentals as a source of stock market volatility in China: A GARCH-MIDAS approach[J]. Economic Modelling, 34: 59-68.

GLOSTEN L R, JAGANNATHAN R, RUNKLE D E, 1993. On the relation between the expected value and the volatility of the nominal excess return on stocks[J]. Journal of Finance, 48 (5): 1779-1801.

GOLDMAN E, NAM J, TSURUMI H, et al., 2013. Regimes and long memory in realized volatility[J]. Studies in Nonlinear Dynamics and Econometrics, 17 (5): 521-549.

GOLDSTEIN H, HEALY M J R, RASBASH J, 1994. Multilevel time series models with applications to repeated measures data[J]. Statistics in medicine, 13 (16): 1643-1655.

GRAY S F, 1996. Modeling the conditional distribution of interest rates as a regime-switching process[J]. Journal of Financial Economics, 42 (1), 27-62.

GREGORY A W, HANSEN B E, 1996. Residual-based tests for cointegration in models with regime shifts[J]. Journal of Econometrics, 70 (1): 99-126.

GUIDOLIN M, NA C F, 2006. The economic and statistical value of forecast combinations under regime switching: An application to predictable US returns[R]. Federal Reserve Bank of St. Louis Working Paper Series.

HAMILTON J D, SUSMEL R, 1994. Autoregressive conditional heteroskedasticity and changes in regime[J]. Journal of Econometrics, 64 (1) : 307-333.

HANSEN P R, HUANG Z, SHEK H H, 2012. Realized garch: A joint model for returns and realized measures of volatility[J]. Journal of Applied Econometrics, 27 (6) : 877-906.

HANSEN P R, LUNDE A, 2005a. A forecast comparison of volatility models: Does anything beat a GARCH (1, 1) ? [J] . Journal of Applied Econometrics, 20 (7) : 873-889.

HANSEN P R, LUNDE A, 2005b. A test for superior predictive ability[J]. Journal of Business and Economic Statistics, 23 (4) : 365-380.

HANSEN P R, LUNDE A, NASON J M, 2011. The model confidence set[J]. Econometrica, 79 (2) : 453-497.

HARRISON B, MOORE W, 2012. Forecasting stock market volatility in central and eastern European countries[J]. Journal of Forecasting, 31 (6) : 490-503.

HAUGOM E, LANGELAND H, MOLNÁR P, et al., 2014. Forecasting volatility of the US oil market[J]. Journal of Banking & Finance, 47: 1-14.

HENRY O T, 2009. Regime switching in the relationship between equity returns and short-term interest rates in the UK[J]. Journal of Banking & Finance, 33 (2) : 405-414.

HERRERA R, CLEMENTS A E, 2018. Point process models for extreme returns: Harnessing implied volatility[J]. Journal of Banking & Finance, 88: 161-175.

HILLEBRAND E, 2005. Neglecting parameter changes in GARCH models[J]. Journal of Econometrics, 129 (1) : 121-138.

HUANG X, TAUCHEN G, 2005. The relative contribution of jumps to total price variance[J] . Journal of Financial Econometrics, 3 (4) : 456-499.

ISLAM R, ISLAM M T, CHOWDHURY A H, 2013. Testing for global volatility spillover, financial contagion and structural break in fifteen economies from two regions: a diagonal VECH matrix and EGARCH (1, 1) approach[J]. International Journal of Economics and Finance, 5 (5) : 159-170.

JACQUIER E, POLSON N G, ROSSI P E, 2004. Bayesian analysis of stochastic volatility models with fat-tails and correlated errors[J]. Journal of Econometrics, 122 (1) : 185-212.

KANTELHARDT J W, ZSCHIEGNER S A, KOSCIELNY-BUNDE E, et al., 2002. Multifractal detrended fluctuation analysis of nonstationary time series[J]. Physica A: Statistical Mechanics and its Applications, 316 (1) : 87-114.

KAROLYI G, MARTELL R, 2006. Terrorism and the stock market[D]. The Ohio State University.

KOLLIAS C, PAPADAMOU S, ARVANITIS V, 2013a. Does terrorism affect the stock-bond covariance? Evidence from European Countries[J]. Southern Economic Journal, 79 (4) : 832-848.

KOLLIAS C, PAPADAMOU S, SIRIOPOULOS C, 2013b. European markets' reactions to exogenous shocks: A high frequency data analysis of the 2005 London bombings[J]. International Journal of Financial Studies, 1 (4) : 154-167.

KOLLIAS C, PAPADAMOU S, STAGIANNIS A, 2011. Terrorism and capital markets: The effects of the Madrid and London bomb attacks[J]. International Review of Economics & Finance, 20 (4) : 532-541.

KWIATKOWSKI D, PHILLIPS P C, SCHMIDT P, et al., 1992. Testing the null hypothesis of stationarity against the alternative of a unit root: How sure are we that economic time series have a unit root? [J]. Journal of Econometrics, 54(1): 159-178.

LAURENT S, ROMBOUTS J V, VIOLANTE F, 2012. On the forecasting accuracy of multivariate GARCH models[J]. Journal of Applied Econometrics, 27(6): 934-955.

LEE S S, MYKLAND P A, 2008. Jumps in financial markets: A new nonparametric test and jump dynamics[J]. Review of Financial Studies, 21(6): 2535-2563.

LIU L, WAN J Q, 2012. A study of Shanghai fuel oil futures price volatility based on high-frequency data: Long-range dependence, modeling and forecasting[J]. Economic Modelling, 29(6): 2245-2253.

MACKINNON J G, 1996. Numerical distribution functions for unit root and cointegration tests[J]. Journal of Applied Econometrics, 11(6): 601-618.

MANDELBROT B B, 1997. Fractals and Scaling in Finance[M]. New York: Springer.

MARCUCCI J, 2005. Forecasting stock market volatility with regime-switching GARCH models[J]. Studies in Nonlinear Dynamics & Econometrics, 9(4).

MARKOWITZ H, 1959. Portfolio Selection: Efficient Diversification of Investment[M]. New York: John Wiley & Sons.

MARTENS M, 2002. Measuring and forecasting S&P 500 index-futures volatility using high-frequency data[J]. Journal of Futures Markets, 22(6): 497-518.

MARTENS M, DIJK D V, POOTER M D, 2009 . Forecasting S&P 500 volatility: Long memory, level shifts, leverage effects, day-of-the-week seasonality, and macroeconomic announcements[J]. International Journal of Forecasting, 25(2): 282-303.

MCMILLAN D G, SPEIGHT A E, 2004. Daily volatility forecasts: Reassessing the performance of GARCH models[J]. Journal of Forecasting, 23(6): 449-460.

MNASRI A, NECHI S, 2016. Impact of terrorist attacks on stock market volatility in emerging markets[J]. Emerging Markets Review, 28: 184-202.

MOHAMMADI H, SU L, 2010. International evidence on crude oil price dynamics: Applications of ARIMA-GARCH models[J]. Energy Economics, 32(5), 1001-1008.

MÜLLER U M, DACOROGNA M M, DAVE R D, et al., 1993. Fractals and intrinsic time-A challenge to econometricians[C]. 39th International AEA Conference on Real Time Econometrics.

NAKAJIMA J, OMORI Y, 2009. Leverage, heavy-tails and correlated jumps in stochastic volatility models[J]. Computational Statistics & Data Analysis, 53(6): 2335-2353.

NELSON D B, 1991. Conditional heteroskedasticity in asset returns: a new approach[J]. Econometrica, 59: 347-370.

NIEDERHOFFER V, 1971. The analysis of world events and stock prices[J]. The Journal of Business, 44(2): 193-219.

NIKKINEN J, OMRAN M M, SAHLSTRÖM P, et al., 2008. Stock returns and volatility following the September 11 attacks: Evidence from 53 equity markets[J]. International Review of Financial Analysis, 17(1): 27-46.

NOURELDIN D, SHEPHARD N, SHEPPARD K, 2012. Multivariate high-frequency-based volatility (HEAVY) models[J]. Journal of Applied Econometrics, 27(6): 907-933.

OH K J, KIM T Y, MIN S H, et al., 2006. Portfolio algorithm based on portfolio beta using genetic algorithm[J]. Expert Systems with Applications, 30(3): 527-534.

PAN Z, LIU L, 2018. Forecasting stock return volatility: A comparison between the roles of short-term and long-term leverage effects[J]. Physica A: Statistical Mechanics and its Applications, 492: 168-180.

PATTON A J, 2011. Volatility forecast comparison using imperfect volatility proxies[J]. Journal of Econometrics, 160(1): 246-256.

PATTON A J, SHEPPARD K, 2015. Good volatility, bad volatility: Signed jumps and the persistence of volatility[J]. Review of Economics and Statistics, 97(3): 683-697.

PHILLIPS P C, PERRON P, 1988. Testing for a unit root in time series regression[J]. Biometrika, 75(2): 335-346.

POON S H, GRANGER C W, 2003. Forecasting volatility in financial markets: A review[J]. Journal of Economic Literature, 41(2): 478-539.

RAGGI D, BORDIGNON S, 2012. Long memory and nonlinearities in realized volatility: a markov switching approach[J]. Computational Statistics & Data Analysis, 56(11): 3730-3742.

RAPACH D E, STRAUSS J K, 2010. Bagging or combining(or both)? An analysis based on forecasting US employment growth[J]. Econometric Reviews, 29(5-6): 511-533.

ROY A D, 1952. Safety first and the holding of assets[J]. Econometrica: Journal of the Econometric Society: 431-449.

SCHWERT G W, 2011. Stock volatility during the recent financial crisis[J]. European Financial Management, 17(5): 789-805.

SÉVI B, 2014. Forecasting the volatility of crude oil futures using intraday data[J]. European Journal of Operational Research, 235(3): 643-659.

SHALEN C T, 1993. Volume, volatility and dispersion of beliefs[J]. Review of Financial Studies, 6(2): 405-434.

SJÖLANDER P, 2011. A stationary unbiased finite sample ARCH-LM test procedure[J]. Applied Economics, 43(8): 1019-1033.

SKINTZI V D, REFENES A N, 2006. Volatility spillovers and dynamic correlation in European bond markets[J]. Journal of International Financial Markets, Institutions and Money, 16(1): 23-40.

SOUČEK M, TODOROVA N, 2013. Realized volatility transmission between crude oil and equity futures markets: A multivariate HAR approach[J]. Energy Economics, 40: 586-597.

TANG L B, TANG L X, SHENG H Y, 2009. Forecasting volatility based on wavelet support vector machine[J]. Expert Systems with Applications, 36(2): 2901-2909.

THADEWALD T, BÜNING H, 2007. Jarque-Bera test and its competitors for testing normality-a power comparison[J]. Journal of Applied Statistics, 34(1): 87-105.

TIMMERMANN A, 2001. Structural breaks, incomplete information, and stock prices[J]. Journal of Business & Economic Statistics, 19(3): 299-314.

TSAY R S, 1988. Outliers, level shifts, and variance changes in time series[J]. Journal of Forecasting, 7(1): 1-20.

TSENG T C, LAI H C, LIN C F, 2012. The impact of overnight returns on realized volatility[J]. Applied Financial Economics, 22(5): 357-364.

URQUHART A, HUDSON R, 2016. Investor sentiment and local bias in extreme circumstances: The case of the Blitz[J]. Research in International Business and Finance, 36: 340-350.

VERONESI P, 1999. Stock market overreactions to bad news in good times: A rational expectations equilibrium model[J]. The Review of Financial Studies, 12(5): 975-1007.

VORTELINOS D I, 2017. Forecasting realized volatility: HAR against Principal Components Combining, neural networks and GARCH[J]. Research in International Business and Finance, 39: 824-839.

VUONG Q H, 1989. Likelihood ratio tests for model selection and non-nested hypotheses[J]. Econometrica, 57: 307-333.

WANG X, WU C, XU W, 2015. Volatility forecasting: The role of lunch-break returns, overnight returns, trading volume and leverage effects[J]. International Journal of Forecasting, 31(3): 609-619.

WANG Y, MA F, WEI Y, et al., 2016. Forecasting realized volatility in a changing world: A dynamic model averaging approach[J]. Journal of Banking and Finance, 64: 136-149.

WANG Y, WU C, 2012. Forecasting energy market volatility using GARCH models: Can multivariate models beat univariate models?[J]. Energy Economics, 34(6): 2167-2181.

WEI Y, WANG P, 2008. Forecasting volatility of SSEC in Chinese stock market using multifractal analysis[J]. Physica A: Statistical Mechanics and its Applications, 387: 1585-1592.

WEI Y, WANG Y, HUANG D S, 2010. Forecasting crude oil market volatility: Further evidence using GARCH-class models[J]. Energy Economics, 32(6): 1477-1484.

WEST K D, 1996. Asymptotic inference about predictive ability[J]. Econometrica, 64: 1067-1084.

YUNG Y F, BENTLER P M, 1994. Bootstrap-corrected ADF test statistics in covariance structure analysis[J]. British Journal of Mathematical and Statistical Psychology, 47(1): 63-84.

ZIVOT E, WANG J, 2005. Modelling Financial Time Series with S-PLUS[M]. Second Editions, Springer.

ZUNINO L, TABAK B M, FIGLIOLA A, et al., 2008. A multifractal approach for stock market inefficiency[J].Physica A: Statistical Mechanics and its Applications, 387(26): 6558-6566.